그 날 이 가 까 움 을 볼 수 록

그날이 가까움을 볼수록

ⓒ 황인용 목사, 2025

초판 1쇄 발행 2025년 12월 22일

지은이   황인용 목사
펴낸이   이기봉
편집   좋은땅 편집팀
펴낸곳   도서출판 좋은땅
주소   서울특별시 마포구 양화로12길 26 지월드빌딩 (서교동 395-7)
전화   02)374-8616~7
팩스   02)374-8614
이메일   gworldbook@naver.com
홈페이지 www.g-world.co.kr

ISBN   979-11-388-5105-3 (03230)

As You See the Day Approaching

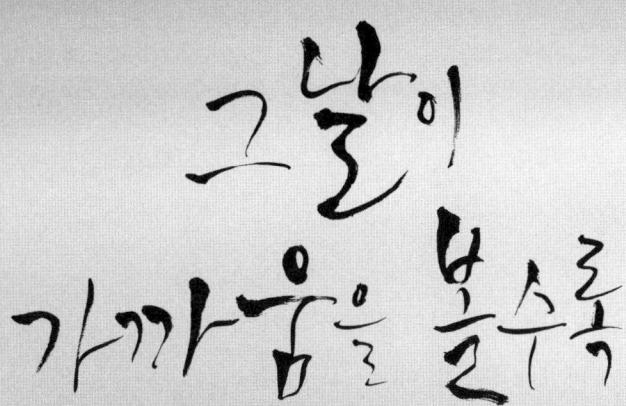

그날이 가까움을 볼수록

황인용 목사

좋은땅

이 책을 내면서

세상에는 보이는 것과 보이지 않는 것이 있습니다.

나뭇잎이 바람에 흔들릴 때 우리는 흔들리는 나뭇잎을 봄으로 바람을 인식합니다. 보이는 것은 나뭇잎이요 보이지 않는 것은 바람입니다. 무한한 우주 가운데는 인간의 능력으로는 헤아릴 수 없는 무수한 것이 존재합니다.

인간의 역사인 인류사는 보이지 않는 선과 악의 쟁투에서 시작된 것입니다.

선악 간의 싸움은 땅이 아닌 하늘에서부터 시작한 것입니다. 우리가 살고 있는 이 세상은 하나님으로부터 쫓겨난 사단의 영이 지배하는 곳입니다. 하나님을 떠난 인간을 유혹한 사단은 인류가 생명이 아닌 사망의 길을 걷게 한 것입니다.

인간구원을 위해 말씀이 육신이 되어 이 땅에 예수 그리스도가 왔지만 여전히 우리 가운데 많은 영혼은 음침한 사망의 길을 걷고 있습니다. 하나님의 최종적 구원에 이르지 못하기 때문입니다.

인류는 선과 악, 진리와 비진리, 의와 불의, 진실과 거짓, 빛과 어둠의 혼재 속에 갈 곳 잃고 헤매는 불쌍한 영혼인 것입니다. 문명이라는 이름으로 인류는 역사의 수레바퀴를 힘차게 돌리고 있지만 인간의 삶은 어두운 블랙홀을 향할 뿐입니다. 급기야 하나님의 은혜를 받은 사람들조차도 하나님에 대한 첫사랑이 식어져 가고 하나님보다 자기 자신을 더 사랑하고 돈을 더 사랑합니다.

거짓 선지자들은 하나님이 여기 있다 저기 있다 영혼을 멸망으로 인도합니다.

하지만 이 땅 하늘 아래에 하나님을 사랑하고 예수님을 믿는 믿음의 삶을 인내로 경주하며 살아가는 하나님의 사람들이 있습니다. 하나님이 주신 생명으로 호흡하는 사람들이 있습니다. 육신의 정욕이 아닌 영혼의 양식으로 살아 계신 하나님의 생명의 말씀으로 생을 살아가는 사람들이 있습니다. 하나님의 자녀요 마지막까지 하나님이 남겨 둔 사람입니다. 우리는 하나님의 구원의 때가 이르기까지 주님이 주신 약속의 말씀을 붙들어야 합니다.

주님은 반드시 오십니다.

주님은 속히 오십니다.

지금은 은혜의 시간이요 은혜의 시간이 끝나면 심판의 시간입니다.

이 글을 이 땅에서 구원을 이루어가는 믿음의 사람들에게 보냅니다.

미국과 한국에서 주안에서 함께한 보고 싶은 사람들과 뉴저지와 보스톤의 사랑하는 아들 제국(John)과 딸 지영(Eunice) 특별히 늘 곁에서 묵묵히 수고한 아내 Michelle에게 감사와 사랑을 전합니다.

2025년 겨울 목사 황인용

목차

나는 누구인가

많은 사람들은 자신이 존재하는 이유를 알지 못한 채 살아갑니다. 자신이 존재하는 이유는 자신의 삶을 통한 정체성으로 알 수 있는 것입니다. 삶이란 자신이 누구인가를 알게 하는 긴 여정과도 같기 때문입니다.

오늘의 자신은 지나온 삶에서 드러나고 내일의 자신 또한 추구한 삶의 신념과 가치관으로 결정됩니다. 자신의 정체성은 삶의 결정체입니다. 존재하는 모든 것들은 존재하는 본질적 특성이 있습니다. 자기 자신에 대한 정체성은 살아 있는 자신으로부터 시작되고 어떻게 삶을 사느냐에 따라 규명됩니다.

우리의 삶은 어떻게 살고 무엇 때문에 사느냐에 따라 존재의 본질이 결정되는 것입니다.

하나님이 모세에게 이르시되 나는 스스로 있는 자니라 또 이르시되 너는 이스라엘 자손에게 이같이 이르기를 스스로 있는 자가 나를 너희에게 보내셨다 하라

출애굽기 3장 14절

가라사대 너희는 나를 누구라 하느냐 시몬 베드로가 대답하여 가로

되 주는 그리스도시요 살아 계신 하나님의 아들이시니이다

마태복음 16장 15절, 16절

나는 아브라함의 하나님이요 이삭의 하나님이요 야곱의 하나님이로
라 하신 것을 읽어 보지 못하였느냐 하나님은 죽은 자의 하나님이 아
니요 산 자의 하나님이시니라 하시니

마태복음 22장 32절

　정체성은 존재로부터 시작합니다. 우리 인류가 처음 존재한 곳은 하나
님이 세운 에덴동산입니다. 우리를 그곳에 있게 하신 분은 하나님이십니
다. 우리의 존재 의미와 방식과 가치관은 하나님으로부터 비롯한 것입니
다. 그러나 우리 속에 죄가 들어옴으로 하나님을 떠나 살 수밖에 없는 불
쌍한 존재가 된 것입니다. 우리는 첫 사람 아담의 타락 이후부터 절망적
존재가 된 것입니다. 우리가 절망적 존재가 된 것은 하나님을 추구하지
않고 하나님을 망각한 데서 온 결과입니다.

　에덴을 잃어버린 인류는 정체성을 상실한 영혼들입니다. 인류는 오늘
근심과 걱정과 염려와 두려움과 불안과 공포의 삶을 살아갑니다. 우리에
게 주어진 내일은 오늘보다 더한 불안과 불확실과 불투명한 세상인 것입
니다. 에덴으로부터 멀어져 가는 인류를 향하여 하나님은 자신의 정체성
을 상기시키십니다.

　자아를 상실한 채 하나님 없이 살아가는 우리 모두에게 그리고 인류에게….

　어리석은 자는 그 마음에 이르기를 하나님이 없다 하도다 저희는 부

패하고 소행이 가증하여 선을 행하는 자가 없도다

시편 14편 1절

그러므로 우리가 낙심하지 아니하노니 겉사람은 후패하나 우리의
속은 날로 새롭도다

고린도후서 4장 16절

그런즉 누구든지 그리스도 안에 있으면 새로운 피조물이라 이전 것
은 지나갔으니 보라 새 것이 되었도다

고린도후서 5장 17절

우리는 자신이 누구인지를 모르고서는 하나님을 알 방법이 없습니다. 그러나 우리는 하나님으로부터 온 존재이기에 하나님을 통해서만 자신을 알 수 있는 것입니다. 우리는 자기 자신을 알기 위해 반드시 하나님을 알아야 합니다.

우리는 죄와 악이 가득한 육신의 사람이요 겉사람입니다. 그러나 우리가 하나님을 알 때 우리는 그리스도 생명이 가득한 속사람이 되는 것입니다. 우리는 자신의 정체성을 상실하면 존재가 아닌 소유를 위해 존재하는 겉사람입니다.

속사람으로 사는 삶은 내 안에 예수님이 함께 하는 삶입니다. 속사람으로 존재한다는 것은 더 이상 절망적 존재가 아닌 소망 있는 존재가 되는 것입니다.

살아 계신 아버지께서 나를 보내시매 내가 아버지로 인하여 사는 것
같이 나를 먹는 그 사람도 나로 인하여 살리라

요한복음 6장 57절

오직 심령으로 새롭게 되어 하나님을 따라 의와 진리의 거룩함으로
지으심을 받은 새 사람을 입으라

에베소서 4장 23절, 24절

너희가 전에는 백성이 아니더니 이제는 하나님의 백성이요 전에는
긍휼을 얻지 못하였더니 이제는 긍휼을 얻은 자니라

베드로전서 2장 10절

우리는 주님의 생명으로 살아가는 고귀한 존재임을 잊지 말아야 합니다. 우리는 하나님의 형상을 닮은 그리스도의 사람이요 하늘 백성입니다. 우리는 물과 성령으로 거듭나 하늘에 속해야 하는 천국의 사람입니다. 우리는 하나님 아버지의 자녀입니다.

너희가 아들인 고로 하나님이 그 아들의 영을 우리 마음 가운데 보내
사 아바 아버지라 부르게 하셨느니라

갈라디아서 4장 6절

바라는 것들을 이루기 위해

우리는 자신이 바라는 바가 생애 가운데서 이루어질 것을 소망하며 살아갑니다. 무엇을 바란다는 것은 마음속으로 그것이 현실화되기를 원한다는 것입니다. 우리의 바라는 것들이 현실적으로 이루어지는 것은 믿음을 통해서 가능한 것입니다.

> 믿음은 바라는 것들의 실상이요 보지 못하는 것들의 증거니
>
> 히브리서 11장 1절

우리는 실로 스치는 바람에도 흔들리는 갈대와 같은 불안정한 존재입니다. 그러기에 우리는 잠시 동안이라도 안정을 원하고 나아가 평안한 삶을 원합니다. 그러나 역설적이게도 우리가 바라고 원하는 바가 많으면 많을수록 삶은 늘 요동하는 것입니다. 그럼에도 불구하고 우리들 누구에게나 필요한 것은 믿음이며 그 주체는 바로 자신입니다. 그러나 믿는다는 것은 자신의 욕구나 욕망을 목적으로 하는 것은 결코 아닙니다.

너희는 먼저 그의 나라와 그의 의를 구하라 그리하면 이 모든 것을

너희에게 더하시리라

마태복음 6장 33절

우리는 삶에서 여러 가지가 필요하고 또한 그것을 얻고자 원합니다. 삶에서 요구되고 저마다 구하는 것은 어느 누구에게나 있는 인간의 욕망입니다. 그러나 인간의 욕구와 욕망을 해결하기 위한 것이 믿음이 아닙니다.

믿음이란 믿음의 주체인 '내'가 믿음의 대상인 절대자이신 '하나님'을 무엇보다도 먼저 바라는 것입니다.

구하라 그러면 너희에게 주실 것이요 찾으라 그러면 찾을 것이요 문을 두드리라 그러면 너희에게 열릴 것이니 구하는 이마다 얻을 것이요 찾는 이가 찾을 것이요 두드리는 이에게 열릴 것이니라 너희 중에 누가 아들이 떡을 달라 하면 돌을 주며 생선을 달라 하면 뱀을 줄 사람이 있겠느냐 너희가 악한 자라도 좋은 것으로 자식에게 줄 줄 알거든 하물며 하늘에 계신 너희 아버지께서 구하는 자에게 좋은 것으로 주시지 않겠느냐

마태복음 7징 7찔~11찔

우리가 믿는다는 분명하고 정직한 사실은 하나님만을 믿는다는 것입니다. 우리가 믿는다는 것은 아들로서 내가 아버지 되시는 하나님을 신뢰한다는 것입니다. 우리의 믿음은 원하는 바를 이루어 주시는 하나님과의 절대적 관계에서 이루어지는 것입니다. 많은 사람들의 믿음은 하나님이 아닌 자신이 바라는 것들을 먼저 바라는 것입니다. 하나님이 아닌 다른 것

을 바라고 원하면 그것은 믿음이 될 수 없습니다. 왜냐하면 우리가 소원하는 모든 것은 하나님을 통해서 이루어지기 때문입니다.

> 예수께서 대답하여 저희에게 이르시되 하나님을 믿으라 내가 진실로 너희에게 이르노니 누구든지 이 산더러 들리어 바다에 던지우라 하며 그 말하는 것이 이룰 줄 믿고 마음에 의심치 아니하면 그대로 되리라 그러므로 내가 너희에게 말하노니 무엇이든지 기도하고 구하는 것은 받은 줄로 믿으라 그리하면 너희에게 그대로 되리라
>
> 마가복음 11장 22절~24절

기도는 우리의 소원이 하나님의 능력으로 이루어질 것을 믿는 간절한 믿음의 행위입니다. 그러기에 하나님은 우리에게 믿음의 기도를 요구하십니다. 믿음 없는 기도나 응답의 확신 없는 기도는 하나님이 이룰 수 없기 때문입니다. 많은 사람들이 기도를 하지만 응답받지 못하는 것으로 하나님을 탓할 수는 없는 것입니다. 기도가 이루어지기를 원하면서도 우리 마음의 한편에는 의심의 싹이 자라기 때문입니다. 우리가 하나님을 믿는 것은 우리의 소원임과 동시에 하나님의 바라시는 바입니다.

우리가 하나님께 기도하는 것은 우리가 하나님을 믿기 때문입니다. 그러나 우리의 믿음을 가로막는 최대의 적은 하나님에 대한 의심입니다. 의심의 기도는 하나님의 능력을 무시하지만 믿음의 기도는 하나님을 감동케 하는 능력입니다. 우리가 믿는다는 것은 하나님을 전적으로 신뢰하고 의지하는 것을 말하는 것입니다.

내 형제들아 만일 사람이 믿음이 있노라 하고 행함이 없으면 무슨 이
익이 있으리요 그 믿음이 능히 자기를 구원하겠느냐

야고보서 2장 14절

인류의 역사는 하나님을 의심하는 불신에서 시작합니다. 믿음이 없는
세상에서 수많은 사람들은 무엇인가를 믿으며 살아갑니다. 세상에는 믿
음과 의심의 경계를 넘나드는 사람들이 너무도 많습니다. 하지만 우리 모
두는 바라는 것들을 이루기 위해 살아갑니다. 믿음의 주이신 주님조차도
이 땅의 생애를 하나님 아버지만 바라보며 사셨습니다. 바라는 것을 이루
려는 우리의 이 땅의 생애가 주님만을 바라며 살아야 하는 까닭입니다.

어떻게 살 것인가

우리는 이 땅에서 단 한 번의 삶을 사는 것입니다. 우리의 인생이 귀하고도 귀한 것은 삶의 기회가 단 한 번밖에 없기 때문입니다. 그런데 우리는 실로 우리 자신뿐 아니라 인생에 대해서 잘 알지 못합니다. 자신을 알고자 하면 할수록 알 수 없는 미궁에 빠져 있는 자신을 발견하게 됩니다. 살아가는 주체가 자기 자신인 것을 알지 못하면 우리는 값진 인생을 살아갈 수 없습니다.

많은 사람들은 자신만을 위하여 살아감으로 진정한 삶의 가치를 상실한 채 살아갑니다. 따라서 많은 사람들의 인생은 욕망과 정욕으로 가득하고 한숨과 탄식은 삶의 일상이 됩니다. 사람들은 자신의 존재의 의미를 모른 채 단 한 번뿐인 이 땅에서의 삶을 흘려보내는 것입니다.

> 여호와 하나님이 흙으로 사람을 지으시고 생기를 그 코에 불어 넣으시니 사람이 생령이 된지라
>
> 창세기 2장 7절

> 기억하옵소서 주께서 내 몸 지으시기를 흙을 뭉치듯 하셨거늘 다시 나를 티끌로 돌려보내려 하시나이까
>
> 욥기 10장 9절

이는 저가 우리의 체질을 아시며 우리가 진토임을 기억하심이로다

시편 103편 14절

세상 만물의 주인은 사람이 아닌 하나님이십니다. 어느 것 하나 우리가 주인으로 소유한 것은 세상에 없습니다. 그럼에도 불구하고 만물은 우리를 위해 존재하는 것입니다. 하나님이 우리에게 모든 만물을 맡겨 주셨기 때문입니다. 하나님은 창조주요 우리는 만물 가운데 피조된 하나님의 호흡 있는 생령이요 사람입니다. 또한 우리는 기뻐하시는 하나님의 일꾼이요 청지기입니다.

누가 주께 먼저 드려서 갚으심을 받겠느뇨 이는 만물이 주에게서 나오고 주로 말미암고 주에게로 돌아감이라 영광이 그에게 세세에 있으리로다 아멘

로마서 12장 35절, 36절

하나님의 지으시던 일이 일곱째 날이 이를 때에 마치니 그 지으시던 일이 나하브로 일곱째 날에 안식하시니라 하나님이 일곱째 날을 복 주사 거룩하게 하셨으니 이는 하나님이 그 창조하시며 만드시던 모든 일을 마치시고 이날에 안식하셨음이더라

창세기 2장 2절, 3절

가로되 내가 모태에서 적신이 나왔사온즉 또한 적신이 그리로 돌아가올지라 주신 자도 여호와시요 취하신 자도 여호와시오니 여호와

의 이름이 찬송을 받으실지니이다 하고 이 모든 일에 욥이 범죄하지
아니하고 하나님을 향하여 어리석게 원망하지 아니하니라

욥기 1장 21절, 22절

우리는 삶의 중심을 잃으면 흔들리고 삶의 자족을 잃으면 불평합니다.
우리는 원하는 것을 더 원하고 취하고자 하는 것을 더 취하려 합니다. 우
리의 욕망의 늪은 끝이 없고 요원합니다. 순간순간 우리는 하나님이 우리
인생의 주인 되심을 망각하며 살아갑니다.

이것이 우리의 인생들의 한계요 무지입니다. 만물 가운데 오직 인간만
이 하나님을 원망하며 불신합니다. 자기만을 사랑하는 우리는 이타적인
사랑을 오히려 시기하고 질투합니다. 우리는 타인에게 칭찬받고 갈채받
고 보상받기 원하면서 자신을 향하는 충고와 비난은 원치 않습니다. 우리
가 하나님을 떠나면 우리의 인생은 영혼 없는 생명이요 바람에 날리는 먼
지입니다. 우리가 하나님을 알지 못하면 우리는 세상에서 불쌍하고 어리
석은 사람입니다.

우스땅에 욥이라 이름하는 사람이 있었는데 그 사람은 순전하고 정
직하여 하나님을 경외하며 악에서 떠난 자더라

욥기 1장 1절

사단이… 욥을 쳐서 그 발바닥에서 정수리까지 악창이 나게 한지라
욥이 재 가운데 앉아서 기와 조각을 가져다가 몸을 긁고 있더니 그
아내가… 그래도 자기의 순전을 굳게 지키느뇨 하나님을 욕하고 죽

으라 그가 이르되 그대의 말이 어리석은 여자 중 하나의 말 같도다 우리가 하나님께 복을 받았은즉 재앙도 받지 아니하겠느뇨 하고 이 모든 일에 욥이 입술로 범죄치 아니하니라

욥기 2장 7~10절 중

우리는 우리의 본래 모습으로 돌아가야 합니다. 순금은 불순물이 섞이지 않아야 가치가 있습니다. 우리는 순전함과 정직함으로 돌아가야 합니다. 더 이상 하나님을 향하여 어리석은 삶을 멈춰야 합니다. 우리는 하나님의 살아있는 생령 있는 사람입니다. 우리를 살리시는 영으로 구원의 소망을 이루며 새 삶을 살게 하시는 분은 하나님이십니다. 따라서 우리의 인생은 늘 하나님으로 인하여 감사하는 삶이어야 하는 것입니다.

주의 사랑하시는 형제들아 우리가 항상 너희를 위하여 마땅히 하나님께 감사할 것은 하나님이 처음부터 너희를 택하사 성령의 거룩하게 하심과 진리를 믿음으로 구원을 얻게 하심이니 이를 위하여 우리 복음으로 너희를 부르사 우리 주 예수 그리스도의 영광을 얻게 하려 하심이니라

데살로니가후서 2장 13~14절

우리 속에 있어야 하는 것

우리는 믿음의 홍수시대를 살고 있습니다. 우리 모두는 수많은 믿음의 대상을 가지고 살고 있습니다. 우리는 나 자신을 믿고 남을 믿고 우리 모두를 믿으며 살아갑니다. 모든 관계가 믿음의 관계요 믿음 없이는 아무것도 이루어지지 않습니다. 우리에게 믿음이 넘치도록 필요한 것은 우리가 연약한 존재이기 때문입니다. 우리에게 믿음이 차고 넘치게 필요한 것은 우리가 불완전한 존재이기 때문입니다.

이토록 우리 모두에게 믿음이 필요한 것은 살아갈 미래가 불확실하기 때문입니다. 이렇듯 믿음은 우리들 마음속에 보이지 않게 내재된 자기 자신이 신뢰하는 대상입니다. 세상을 사는 모든 사람들의 필수불가결한 것은 믿음입니다. 특별히 절대적 존재인 하나님을 믿는 그리스도인들에게는 더할 나위가 없는 것입니다. 그리스도인의 궁극적인 삶의 목표는 그리스도를 믿는 믿음으로 말미암는 구원이기 때문입니다. 그리스도인의 삶은 그리스도를 믿는 은혜의 삶이기 때문입니다.

> 너희가 그 은혜를 인하여 믿음으로 말미암아 구원을 얻었나니 이것이 너희에게서 난 것이 아니요 하나님의 선물이라
>
> 에베소서 2장 8절

믿음이 없이는 기쁘시게 못하나니 하나님께 나아가는 자는 반드시 그가 계신 것과 또한 그가 자기를 찾는 자들에게 상주시는 이심을 믿어야 할지니라

히브리서 11장 6절

믿음은 하나님의 은혜요 선물입니다. 하나님의 선물은 믿음의 주 되신 예수 그리스도이십니다. 그리스도를 믿음으로 우리가 구원을 얻게 되기 때문입니다. 하나님의 기쁨은 예수님을 믿는 우리의 믿음 때문입니다. 우리가 세상을 이기는 것도 주를 믿는 믿음으로 가능한 것입니다. 믿음은 우리들 속에서 바라는 것들이 현실화되는 하나님의 특별한 선물입니다.

하나님의 뜻으로 말미암아 그리스도 예수 안에 있는 생명의 약속대로 그리스도 예수의 사도된 바울은 사랑하는 아들 디모데에게 편지하노니 하나님 아버지와 그리스도 예수 우리 주께로부터 은혜와 긍휼과 평강이 네게 있을지어다 이는 네 속에 거짓이 없는 믿음을 생각함이라 이 믿음은 먼저 네 외조모 로이스와 네 어머니 유니게 속에 있더니 네 속에도 있는 줄을 확신하노라

디모데후서 1장 1절, 2절, 5절

우리 속에 있어야 할 믿음은 거짓 없는 진실한 믿음이어야 합니다. 하나님은 우리의 마음속 깊은 곳을 살피십니다. 우리 속에 있어야 하는 것은 순수하고 깨끗한 마음이어야 합니다. 하나님은 거짓은 미워하시고 진실은 사랑하시는 분이시기 때문입니다. 하나님은 형식적이고 위선적인 외

식적 믿음을 미워하시기 때문입니다.

> 너희 중에 누구든지 그에게 이르되 평안히 가라, 더웁게 하라, 배부
> 르게 하라 하며 그 몸에 쓸 것을 주지 아니하면 무슨 이익이 있으리
> 요… 이와 같이 행함이 없는 믿음은 그 자체가 죽은 것이라… 네가
> 보거니와 믿음이 그의 행함과 함께 일하고 행함으로 믿음이 온전케
> 되느니라… 영혼 없는 몸이 죽은 것같이 행함이 없는 믿음은 죽은 것
> 이니라
>
> 야고보서 2장 16절, 17절, 22절, 26절

우리는 누구나 말로는 무엇이든지 다 할 수 있지만 아무나 말한 것을 행할 수는 없습니다. 우리는 우리 속에 믿는 것과 행하는 것이 일치를 이루어야 합니다. 믿는 바를 행동으로 옮기는 것이 참 믿음이요 온전한 믿음이기 때문입니다. 온전한 믿음은 우리가 의롭게 빛된 삶을 사는 능력의 믿음입니다. 우리 속에 있는 믿음은 이론이나 지식이나 사상이 아닌 믿음으로 사는 삶 그 자체입니다.

> 오직 나의 의인은 믿음으로 말미암아 살리라 또한 뒤로 물러가면 내
> 마음이 저를 기뻐하지 아니하리라 하셨느니라 우리는 뒤로 물러가
> 침륜에 빠질 자가 아니요 오직 영혼을 구원함에 이르는 믿음을 가진
> 자니라
>
> 히브리서 10장 38절~39절

믿음은 인내하되 끝까지 인내하는 것이요 끝내 인내로 열매 맺는 것입니다. 그러기에 우리 속에 가졌던 첫 믿음이 변함이 없어야 하는 것입니다. 세상을 사는 우리는 악한 사단의 세력에 끊임없이 노출될 수밖에 없습니다.

우리는 세상의 유혹과 미혹에 쉽게 넘어가고 환경과 형편에 무너지기 쉬운 약한 존재입니다. 우리의 믿음의 씨가 길가나 바위나 가시밭이 아닌 좋은 땅에 뿌리내려야만 하는 까닭입니다. 우리는 우리 자신을 의지하는 감상주의적이고 이기적인 믿음으로는 인생에서 실패합니다. 우리는 우리를 온전케 하시는 주만을 의지해야 결실 있는 인생을 사는 것입니다. 우리의 믿음은 보이는 것을 믿는 것이 아니라 보이지 않는 것을 믿는 것입니다. 세상은 보이는 것을 믿으나 우리는 보이지 않는 하나님을 믿는 것입니다. 우리 속에 있는 믿음은 세상을 이기는 믿음이요 하나님을 보는 믿음입니다.

우리가 이루는 것

우리가 알거니와 하나님을 사랑하는 자 곧 그 뜻대로 부르심을 입은
자들에게는 모든 것이 합력하여 선을 이루느니라

로마서 8장 28절

사람들은 모든 일들이 물 흐르듯 잘되기를 바라며 삽니다. 매사에 만사
형통한 삶이기를 바라는 것이 세상의 사람입니다. 그러나 하나님의 사람
들에 있어서 만사형통이란 선을 이루며 사는 것입니다. 삶의 여정의 모든
일들은 결국 합력하여 선을 이루기 위함이요 그것이 만사형통인 것입니
다. 믿음의 출발은 하나님의 부르심에서 시작하고 구원은 그 믿음의 삶으
로 결정되는 것입니다. 하나님은 우리의 모든 일들로 하여금 궁극적으로
구원에 이르게 하십니다. 그러기에 하나님의 부름받은 자들의 모든 일들
은 합력하여 선을 이루는 것입니다.

곧 창세전에 그리스도 안에서 우리를 택하사 우리로 사랑 안에서 그
앞에 거룩하고 흠이 없게 하시려고 그 기쁘신 뜻대로 우리를 예정하
사 예수 그리스도로 말미암아 자기의 아들들이 되게 하셨으니

에베소서 1장 4절, 5절

우리는 하나님이 우리를 부르시기 전에는 자기 자신을 알지 못합니다. 우리가 하나님을 알기 전에는 오직 세상과 자기 자신만을 사랑할 뿐입니다. 우리가 하나님의 부름받은 자녀가 되었을 때 비로소 자신과 하나님을 알게 되는 것입니다. 우리를 부르신 것은 하나님 아버지의 사랑이요 우리는 사랑의 자녀가 되는 것입니다.

그러므로 사랑을 입은 자녀같이 너희는 하나님을 본받는 자가 되고

에베소서 5장 1절

선을 이루는 삶은 그리스도께서 인도하는 삶입니다. 그리스도께서는 우리를 세상의 많은 일들을 통하여 인도하십니다. 하나님의 인도는 우리가 하나님의 손을 붙잡는 것과 같습니다. 삶의 전 영역에서 하나님은 우리가 원치 않을 때까지 우리의 손을 놓지 않으십니다. 그러기에 우리의 그리스도에 대한 사랑은 인간적 발로가 되어선 안 되는 것입니다.

우리의 그리스도에 대한 사랑은 충동적이지도 감성적이지도 않아야 합니다. 우리의 사랑은 그리스도에 대한 순전한 믿음에서 오기 때문입니다. 온전한 사랑만이 온전한 믿음이 되는 것입니다. 만사형통이란 우리가 온전히 하나님과 함께할 때 이루어지는 것입니다.

그러므로 하늘에 계신 너희 아버지의 온전하심과 같이 너희도 온전하라

마태복음 5장 48절

그러므로 너희는 이렇게 기도하라 하늘에 계신 우리 아버지여 이름

이 거룩히 여김을 받으시오며

마태복음 6장 9절

오직 믿음으로 선을 이루는 것입니다. 우리가 하나님을 아버지라 부를 때 아버지는 우리의 선을 도우시고 이루십니다. 선을 이루는 삶은 하나님이 우리 아버지가 되는 삶입니다.

이와 같이 성령도 우리 연약함을 도우시나니 우리가 마땅히 빌 바를 알지 못하나 오직 성령이 말할 수 없는 탄식으로 우리를 위하여 친히 간구하시느니라

로마서 8장 26절

너희는 주께 받은바 기름부음이 너희 안에 거하나니 아무도 너희를 가르칠 필요가 없고 오직 그의 기름부음이 모든 것을 너희에게 가르치며 또 참되고 거짓이 없으니 너희를 가르치신 그대로 주 안에 거하라

요한일서 2장 27절

하나님은 우리를 도우시는 영이십니다. 하나님의 자녀는 하나님의 영이신 성령께서 인도합니다. 성령은 우리가 세상 가운데서 넘어지지 않도록 하시는 분이십니다. 성령은 우리가 세상 가운데서 선을 이루도록 도우시는 분이십니다. 성령의 간구는 우리의 생애를 만사형통케 하는 것입니다.

우리의 인생

인간은 무한한 공간과 영원한 시간 안에서 유한한 시간과 공간으로 존재합니다. 인간은 땅에 존재하며 짧은 생애를 사는 것입니다. 이 땅에서 우리의 삶의 모습은 시간이 지남에 따라 모든 것이 사라집니다. 우리 모두의 생애가 아름답고 소중한 것은 남아 있는 시간이 너무 짧기 때문입니다. 세상에는 주어진 인생의 나날이 갖는 의미를 모르며 살아가는 자가 많습니다. 우리의 인생은 하나님이 허락한 짧은 시간입니다.

주의 약속은 어떤 이의 더디다고 생각하는 것같이 더딘 것이 아니라 오직 너희를 대하여 오래 참으사 아무도 멸망치 않고 다 회개하기에 이르기를 원하시느니라 그러나 주의 날이 도적같이 오리니 그날에는 하늘이 큰 소리로 떠나가고 체질이 뜨거운 불에 풀어지고 땅과 그중에 있는 모든 일이 드러나리로다

베드로후서 3장 9절~10절

한번 죽는 것은 사람에게 정하신 것이요 그 후에는 심판이 있으리니 이와 같이 그리스도도 많은 사람의 죄를 담당하시려고 단번에 드리신 바 되셨고 구원에 이르게 하기 위하여 죄와 상관없이 자기를 바라

는 자들에게 두 번째 나타나시리라

히브리서 9장 27절~28절

하나님이 우리에게 허락하신 삶은 우리의 구원을 위한 은혜의 시간입니다. 하나님이 우리에게 허락하신 삶은 우리의 멸망이 아닌 구원을 위한 시간입니다. 하나님이 우리에게 허락하신 시간은 우리의 영생을 위한 인내의 시간입니다.

하나님의 사랑이 다하는 곳에 하나님의 심판이 있습니다. 하나님의 사랑은 우리를 사망에서 생명이 되게 합니다. 우리의 이 땅에서의 삶이 끝나면 하나님의 허락하신 은혜의 시간도 끝이 납니다.

주의 날이 밤에 도적같이 이를 줄을 너희 자신이 자세히 앎이라 저희가 평안하다 안전하다 할 그때에 잉태된 여자에게 해산 고통이 이름과 같이 멸망이 홀연히 저희에게 이르리니 결단코 피하지 못하리라

데살로니가전서 5장 2절

네가 이것을 알라 말세에 고통하는 때가 이르리니 사람들은 자기를 사랑하며 돈을 사랑하며 자긍하며 교만하며 훼방하며 부모를 거역하며 감사치 아니하며 거룩하지 아니하며 무정하며 원통함을 풀지 아니하며 참소하며 절제하지 못하며 사나우며 선한 것을 좋아 아니하며 배반하여 팔며 조급하며 자고하며 쾌락을 사랑하기를 하나님 사랑하는 것보다 더하며 경건의 모양은 있으나 경건의 능력은 부인

● 그날이 가까움을 볼수록

하는 자니 이 같은 자들에게서 네가 돌아서라

디모데후서 3장 1절~5절

우리의 인생은 길지 않고 남아있는 시간은 더욱 그러합니다. 시간은 우리의 소유가 아닌 생명의 주인이신 하나님의 소유입니다. 많은 사람들은 영생이 아닌 멸망을 위한 시간으로 삶을 헛되이 소비합니다. 시간이 흐를수록 사람들의 삶의 모습은 실로 타락과 악의 극치입니다. 많은 사람들은 안타깝게도 멸망을 향한 삶을 살아갑니다.

그러므로 너희 마음의 허리를 동이고 근신하여 예수 그리스도의 나타나실 때에 너희에게 가져올 은혜를 온전히 바랄지어다 너희가 순종하는 자식처럼 이전 알지 못할 때에 좇던 너희 사욕을 본 삼지 말고 오직 너희를 부르신 거룩한 자처럼 너희도 모든 행실에 거룩한 자가 되어라

베드로전서 1장 13절~15절

이로써 그 보배롭고 지극히 큰 약속을 우리에게 주사 이 약속으로 말미암아 너희로 정욕을 인하여 세상에서 썩어질 것을 피하여 신의 성품에 참예하는 자가 되게 하려 하셨으니

베드로후서 1장 4절

우리 인생의 시작과 끝에는 하나님이 계십니다. 우리의 인생은 우리를 부르시는 하나님께 나아가는 시간입니다. 하나님께 나아가는 우리는 일

체의 부정한 것들로부터 구별된 삶을 살아야 합니다. 죄로 말미암아 죽었던 우리는 새 생명으로 능력의 삶을 살아야 합니다. 우리는 하나님이 기뻐하시는 자녀가 되도록 매일매일 자라야 합니다. 우리 인생의 주인 되시는 하나님은 우리에게 하나님의 시간과 재능과 은사를 맡기셨습니다.

우리는 주인이 맡기신 것으로 살아가는 충성된 하나님의 종입니다. 우리에게 남아 있는 시간은 하나님을 향한 거룩과 경건을 위한 시간입니다. 우리에게 남아 있는 시간은 분명한 목적을 지향해야 합니다. 그래서 오늘 우리는 이 땅에서 새 하늘과 새 땅을 바라봅니다.

> 또 내가 새 하늘과 새 땅을 보니 처음 하늘과 처음 땅이 없어졌고 바다도 다시 있지 않더라 또 내가 보매 거룩한 성 새 예루살렘이 하나님께로부터 하늘에서 내려오니 그 예비한 것이 신부가 남편을 위하여 단장한 것 같더라
>
> 요한계시록 21장 1절, 2절

너희 생명이 무엇이냐

들으라 너희 중에 말하기를 오늘이나 내일이나 우리가 아무 도시에 가서 거기서 일 년을 유하며 장사하여 이를 보리라 하는 자들아 내일 일을 너희가 알지 못하는도다 너희 생명이 무엇이뇨 너희는 잠간 보이다가 없어지는 안개니라 너희가 도리어 말하기를 주의 뜻이면 우리가 살기도 하고 이것저것을 하리라 할 것이거늘 이제 너희가 허탄한 자랑을 자랑하니 이러한 자랑은 다 악한 것이라 이러므로 사람이 선을 행할 줄 알고도 행치 아니하면 죄니라

야고보서 4장 13절~17절

하나님은 우리의 인생의 나날들이 풀의 쇠잔함과 같고 기울어지는 그림자와 끝나고 빌합니다. 우리는 내일 일을 알 수 없을 뿐만 아니라 당장 앞에 닥칠 일도 알지 못합니다. 또한 우리의 인생은 잠간 머무르다 사라지는 안개와도 같습니다. 우리의 인생은 불안정하며 그것도 얼마 지나지 않아 허무하게 흔적 없이 사라집니다.

그럼에도 불구하고 우리는 삶의 목적을 위해 계획하고 이루기를 소망합니다. 우리 가운데 목적을 이룬 자는 기뻐하고 자랑하며 실패한 자는 슬퍼하고 좌절합니다. 많은 사람들은 육신적 소망을 목적으로 살며 이를

자랑하며 과시합니다. 세상 가운데는 인생의 주인이 자기 자신이라 여기며 살아가는 사람들이 많이 있습니다. 우리의 인생은 참된 삶이 아니면 헛된 삶인 것입니다. 자신이 주인이 되어 사는 삶은 하나님의 섭리를 도외시하는 삶입니다.

하나님은 시간과 공간에 존재하는 모든 피조물들의 창조주입니다. 하나님은 모든 피조물들의 존재 목적을 계획하고 기대하며 소망합니다. 하나님은 우리 인생들의 주인으로 우리와 함께하시며 우리를 친히 인도하시기 원하십니다. 하나님이 주인인 사람은 비록 안개처럼 잠시 이 땅에 머무는 삶일지라도 참된 삶을 살아갑니다.

> 사람의 마음에는 많은 계획이 있어도 오직 여호와의 뜻이 완전히 서리라
>
> 잠언 19장 21절

> 그러므로 내가 너희에게 이르노니 목숨을 위하여 무엇을 먹을까 무엇을 마실까 몸을 위하여 무엇을 입을까 염려하지 말라 목숨이 음식보다 중하지 아니하며 몸이 의복보다 중하지 아니하냐 공중의 새를 보라 심지도 않고 거두지도 않고 창고에 모아들이지도 아니하되 너희 천부께서 기르시나니 너희는 이것들보다 귀하지 아니하냐 너희 중에 누가 염려함으로 그 키를 한 자나 더할 수 있느냐
>
> 마태복음 6장 25절~27절

우리의 생명은 그리스도의 생명으로 산 고귀한 것입니다. 그리스도의

생명으로 사는 인생은 참된 삶을 사는 것입니다. 하나님을 떠난 인간의 삶은 하루하루가 염려와 걱정의 삶입니다.

사람이 염려하는 것은 자신이 결코 해결할 수 없는 것을 해결하려는 생각에 사로잡혀 있기 때문입니다. 염려하며 사는 자는 육신적 목적을 이루기 위해 막연하고 복잡하고 불안한 생각이 가득한 사람입니다. 그럼에도 우리는 우리의 삶을 우리 스스로 변화시킬 수 없습니다. 우리의 인생은 하나님이 우리를 위해 그리스도의 피 값으로 주신 생명의 삶이기 때문입니다. 우리는 부질없는 염려가 아닌 생명을 주신 하나님의 뜻에 따라 남겨진 삶을 성실히 살아가야 하는 것입니다.

> 또 내가 내 영혼에게 이르되 영혼아 여러 해 쓸 물건을 많이 쌓아 두었으니 평안히 쉬고 먹고 마시고 즐거워하자 하리라 하되 하나님은 이르시되 어리석은 자여 오늘 밤에 네 영혼을 도로 찾으리니 그러면 네 예비한 것이 뉘 것이 되겠느냐 하셨으니 자기를 위하여 재물을 쌓아 두고 하나님께 대하여 부요치 못한 자가 이와 같으니라
>
> 누가복음 12장 19절~21절

하나님은 우리의 삶을 계획하실 뿐 아니라 실행하시는 분이십니다. 우리의 생명 있는 날들 속에서 하나님은 구체적으로 우리와 함께하십니다. 세상 가운데 자기를 위하여 사는 자는 여전히 자신을 의지하고 기대하고 자랑하며 확신합니다. 인생의 주인이 자기 자신인 사람은 자신의 어리석음과 무모함과 오만함을 포기하지 않습니다.

하나님은 우리 인생들에게 주인의 삶이 아닌 청지기의 삶을 주신 것입

니다. 우리는 하나님께서 우리 인생들 각자에게 맡겨 주신 모든 일에 자랑과 교만이 아닌 충성과 겸손의 삶을 살아가야 하는 것입니다.

> 내게 능력 주시는 자 안에서 내가 모든 것을 할 수 있느니라
>
> 빌립보서 4장 13절

하나님은 오늘을 사는 우리에게 내일을 준비하게 하십니다. 하나님은 우리가 염려와 자랑과 방종이 아닌 능력의 삶을 살기 원하시기 때문입니다. 우리 삶의 능력은 하나님의 섭리 가운데 나타나는 것입니다. 하나님의 섭리는 우리를 보호하시고 우리와 함께하시며 우리 주인으로 통치하시는 것입니다. 우리의 참된 인생은 하나님의 인도하심에 따라 오늘을 살고 내일을 계획하며 준비하는 것입니다. 우리의 인생은 하나님의 섭리 가운데 능력 있는 생명의 삶이 되는 것입니다.

> 너희는 먼저 그의 나라와 그의 의를 구하라 그리하면 이 모든 것을 너희에게 더하시리라
>
> 마태복음 6장 33절

사람의 본분

모든 전하고자 하는 메시지는 전달자를 통해 그 목적이 이루어지는 것입니다. 선생은 지식을 학생에게 정치가는 정견을 대중에게 목사는 모든 이에게 복음을 전합니다. 모든 메시지의 발신자와 수신자는 동일한 사람입니다. 복음은 구원을 목적으로 사람에게 전하는 살아 계신 하나님의 말씀입니다. 해 아래 살아가는 모든 사람들의 삶의 목적은 인간의 가치를 누리며 사는 것입니다. 그러나 목적의 성패와는 상관없이 인생들의 삶의 결국은 무의미하고 허무한 것입니다. 하나님이 없는 세상의 메시지는 가치 없는 인생을 깨닫게 합니다. 하나님을 떠난 세상의 메시지는 구원이 없기 때문입니다.

지혜자의 말씀은 찌르는 채찍 같고 회중의 스승의 말씀은 잘 박힌 못과 같으니 다 한 목자의 주신 바니라 내 아들아 또 경계를 받으라 여러 책을 짓는 것은 끝이 없고 많이 공부하는 것은 몸을 피곤케 하느니라 일의 결국을 다 들었으니 하나님을 경외하고 그 명령을 지킬지어다 이것이 사람의 본분이니라

전도서 12장 11절~13절

하나님이 모든 것을 지으시되 때를 따라 아름답게 하셨고 또 사람에게 영원을 사모하는 마음을 주셨느니라 그러나 하나님의 하시는 일의 시종을 사람으로 측량할 수 없게 하셨도다

전도서 3장 11절

사람은 영원을 사모하는 존재입니다. 하나님은 사람이 존재 목적에 합당한 삶을 살기 원하십니다. 목적이 상실된 삶은 방황하고 지쳐 결국에는 쓰러지기 때문입니다. 우리 삶의 목적은 곧 사람으로서의 본분을 다하는 것입니다.

곧 너와 네 아들과 네 손자로 평생에 네 하나님 여호와를 경외하며 내가 너희에게 명한 그 모든 규례와 명령을 지키게 하기 위한 것이며 또 네 날을 장구케 하기 위한 것이라

신명기 16장 2절

이 백성은 내가 나를 위하여 지었나니 나의 찬송을 부르게 하려함이니라

이사야 43장 21절

하나님을 경외하는 것이 곧 사람의 본분입니다. 하나님을 경외하는 것은 막연한 두려움이 아닙니다. 경외는 우리에게 구원의 은혜를 주시는 하나님을 공경하는 것을 말합니다. 경외는 하나님의 사랑과 은혜를 사모하는 우리의 마음이요 태도입니다. 경외는 사람인 피조물이 나를 만드신 창

조주 하나님을 아는 도리입니다.

> 누구든지 하나님을 사랑하노라하고 그 형제를 미워하면 이는 거짓
> 말하는 자니 보는 바 그 형제를 사랑치 아니하는 자가 보지 못하는바
> 하나님을 사랑할 수가 없느니라 우리가 이 계명을 주께 받았으니 하
> 나님을 사랑하는 자는 또한 그 형제를 사랑할지니라
>
> 요한일서 4장 20절, 21절

하나님의 명령을 지키며 사는 것이 사람의 본분입니다. 하나님의 명령
은 심판에 대한 두려움으로는 지킬 수 없는 것입니다. 우리가 하나님의
명령을 지키는 것은 은혜에 대한 마음의 발로입니다. 하나님의 명령은 결
국 우리를 죄와 심판에서 구원에 이르도록 하는 은혜입니다. 사람의 본분
인 하나님을 향한 순종은 곧 하나님의 사랑입니다.

모든 사람을 위하여

그러므로 내가 첫째로 권하노니 모든 사람을 위하여 간구와 기도와 도고와 감사를 하되 임금들과 높은 지위에 있는 모든 사람을 위하여 하라 이는 우리가 모든 경건과 단정한 중에 고요하고 평안한 생활을 하려 함이니라 이것이 우리 구주 하나님 앞에 선하고 받으실 만한 것 이니 하나님은 모든 사람이 구원을 받으며 진리를 아는데 이르기를 원하시느니라 하나님은 한 분이시요 또 하나님과 사람 사이에 중보 도 한 분이시니 곧 사람이신 그리스도 예수라

디모데전서 2장 1절~5절

사람과 사람이 함께 하는 것은 서로의 관심사가 같고 뜻이 같고 목적이 같기 때문입니다. 사람과 사람은 목적을 위해 모이고 흩어지기를 반복합니다. 세상 사람들의 목적하는 바의 결국은 곧 소유(To Have)입니다.

사람들은 현재 갖고 있는 것보다 더 많은 것들을 소유하고자 합니다. 사람들의 소유하고자 하는 욕망은 끝이 없습니다. 아울러 사람들이 함께하는 모든 동기와 목적은 소유를 통한 자신의 존재를 드러내기 위함입니다. 문명의 축을 함께 돌리며 살아가는 인류의 중심에는 소유를 위한 각자의 자신들이 존재합니다.

많은 사람들은 자신이 아닌 남을 위해서 더 나아가 모든 사람을 위해서 존재하지 않습니다. 예수 그리스도를 믿는 자들은 자신의 존재(To Be)자체로 하나님께 나아가는 사람입니다.

예수를 믿는 자는 자신의 목적이 아닌 하나님의 목적을 위해 예배하며 살아가는 사람입니다. 하나님의 목적은 오직 하나님만이 이루시는 모든 사람들의 구원입니다. 따라서 예수 그리스도를 믿는 자들이 함께 모여 하나님께 나아가는 동기와 목적은 구원입니다.

하나님의 거룩한 무리들은 모든 사람의 구원을 위해서 하나님께 기도하고 감사하는 자입니다. 아울러 하나님의 백성인 성도의 간구는 현실적 문제에 대한 하나님의 응답을 간청하는 자입니다.

성도의 기도는 하나님과의 교통을 위한 기원과 찬양과 고백입니다. 성도의 도고는 이웃의 안타까움을 위해 서로가 함께 드리는 기도입니다. 성도의 감사는 우리를 구원하시는 하나님의 은혜에 감사하는 것입니다.

> 인간에 세운 모든 제도를 주를 위하여 순복하되 혹은 위에 있는 왕이
> 나 혹은 악행하는 자를 징벌하고 선행하는 자를 포장하기 위하여 그
> 의 보낸 방백에게 하라 곧 선행으로 어리석은 사람들의 무식한 말을
> 막으시는 것이라
>
> **베드로전서 2장 13절~15절**

성도는 죄 가운데 구원 얻어 심령의 기쁨과 내세에 대한 소망을 갖고 살아가는 사람입니다. 성도가 모든 사람의 구원을 위하여 드리는 기도와 감사는 하나님의 뜻입니다. 성도가 모든 사람의 영육의 강건과 평안을 위해

기도하는 것은 하나님의 뜻에 합당한 일입니다. 성도는 하나님으로부터 말미암는 내적 평안과 외적 고요를 위해 자신과 이웃과 세상을 위해 기도해야 합니다.

성도는 하나님을 불신하는 자에게는 관용의 자세로 대하여야 하며 세상의 불합리와 불공정한 일에 대하여는 순종과 온유한 태도로 일관해야 합니다. 성도는 온 세상에 대하여 깃발을 들고 대중 앞에 나아가는 자가 아니요 하나님께 자신의 심정을 고하고 세상의 모든 사람들을 위해 하나님의 뜻을 간절히 구하며 기도하는 사람입니다. 하나님과 사람의 중보자로 오신 주님의 진리의 길을 따라 모든 이의 평안을 위해 기도합니다.

> 그러나 너희 듣는 자에게 내가 이르노니 너희 원수를 사랑하며 너희를 미워하는 자를 선대하며 너희를 저주하는 자를 위하여 축복하며 너희를 모욕하는 자를 위하여 기도하라
>
> 누가복음 6장 27절, 28절

> 그런즉 하나님께서 하고자 하시는 자를 긍휼히 여기시고 하고자 하시는 자를 강퍅케 하시느니라 혹 네가 내게 말하기를 그러면 하나님이 어찌하여 허물하시느뇨 누가 그 뜻을 대적하느뇨 하리니 이 사람아 네가 뉘기에 감히 하나님을 힐문하느뇨 지음을 받은 물건이 지은 자에게 어찌 나를 이같이 만들었느냐 말하겠느뇨
>
> 로마서 9장 18절~20절

세상 모든 사람들은 선택된 자이거나 버림을 당한 유기된 자입니다. 하

나님의 선택된 자는 진리를 아는지요 진리 되신 그리스도 예수를 믿는 자입니다. 구원은 하나님의 전적이고 주권적인 은혜로 주어지는 특별한 선물입니다. 하나님은 하나님 자신의 형상으로 지음받은 모든 사람들의 구원을 원하십니다. 날이 더해 갈수록 성도의 성숙한 신앙은 자신으로부터 이웃과 세상과 인류 전체의 모든 사람들을 향한 기도와 감사의 폭을 주 예수 그리스도의 이름으로 넓혀 가야 하는 것입니다.

그를 향하여 우리의 가진 바 담대한 것이 이것이니 그의 뜻대로 무엇을 구하면 들으심이라

요한일서 5장 14절

길을 가는 자

사람들은 자신이 목적한 바를 이루기 위해 계획한 것을 실현시키려는 욕망이 있습니다. 나아가 모든 인생의 길 위에는 각자의 욕망에 대한 삶의 방식이 있습니다. 모든 사람들은 남들과는 다른 자기만의 방법으로 자신의 인생길을 걸어갑니다.

예수께서 가라사대 내가 곧 길이요 진리요 생명이니 나로 말미암지 않고는 아버지께로 올 자가 없느니라

요한복음 14장 6절

복음에는 하나님의 의가 나타나서 믿음으로 믿음에 이르게 하나니 기록된바 오직 의인은 믿음으로 말미암아 살리라 함과 같으니라

로마서 1장 17절

주를 믿는 사람들에게 있어서 삶의 방식과 길은 그리스도입니다. 주를 믿는 사람들은 그리스도가 걸었던 길을 따라 걷기 때문입니다. 그 길은 우리가 가고자 하는 길이요 주님이 아버지께 나아가신 길이기 때문입니다. 세상에는 자신이 신뢰하고 의지하는 수없이 많은 세상의 길들로 넘쳐납니

다. 그러나 세상의 길로는 갈 수 없는 하나님 아버지께 나아가는 길이 있습니다. 하나님 아버지께 나아가는 길은 의인들이 걸어가는 길입니다.

의인은 주 예수 그리스도를 믿음으로 사는 사람입니다. 믿음의 길을 가는 것은 삶의 매순간을 온몸과 마음으로 의롭게 사는 것입니다. 우리의 구원은 믿음으로 얻지만 한번 믿으면 얻게 되는 영원한 구원은 아버지 나라에는 없습니다. 하나님이 주시는 구원은 믿음의 길을 끝까지 경주하는 자의 면류관이기 때문입니다.

> 내 사랑하는 형제들아 너희가 알거니와 사람마다 듣기는 속히 하고 말하기는 더디 하며 성내기도 더디 하라 사람의 성내는 것이 하나님의 의를 이루지 못함이니라
>
> 야고보서 1장 19절~20절

> 독사의 자식들아 너희는 악하니 어떻게 선한 말을 할 수 있느냐 이는 마음에 가득한 것을 입으로 말함이라 선한 사람은 그 쌓은 선에서 선한 것을 내고 악한 사람은 그 쌓은 악에서 악한 것을 내느니라 내가 너희에게 이르노니 사람이 무슨 무익한 말을 하든지 심판 날에 이에 대하여 심문을 받으리니 네 말로 의롭다 함을 받고 네 말로 정죄함을 받으리라
>
> 마태복음 12장 34절~37절

우리에게 믿음이 능력인 것은 현재적인 삶에서 항구적인 구체성을 갖고 있기 때문입니다. 믿음은 세상을 헤치며 하나님께 나아가고자 하는 우

리 삶의 전 영역에서 역사하기 때문입니다. 예수 그리스도는 하나님께 나아가는 자에게 진리의 말씀으로 생명길을 걷게 합니다. 하나님께 나아가는 자는 그리스도의 말씀을 우리 속에 담아야 합니다.

우리가 하는 말은 우리가 부지런하고 성실히 들었던 하늘의 음성이어야 합니다. 우리는 언제 어느 때나 습관적으로 주께서 주신 말씀을 생각해야 합니다. 세상에서 우리가 화를 참지 못하는 것은 순간적 감정에 우리 자신을 맡기기 때문입니다. 화를 참지 못하는 것은 자신의 계획과 목적이 이해타산에 연연한 결과로부터 오는 것입니다.

그리스도는 언제나 우리가 하나님의 말씀에 의지하여 의를 이루어가길 원하시는 의의 길입니다.

> 그러므로 모든 더러운 것과 넘치는 악을 내어 버리고 능히 너희 영혼을 구원할 바 마음에 심긴 도를 온유함으로 받으라
>
> 야고보서 1장 21절

> 이 세상이나 세상에 있는 것들을 사랑치 말라 누구든지 세상을 사랑하면 아버지의 사랑이 그 속에 있지 아니하니 이는 세상에 있는 모든 것이 육신의 정욕과 안목의 정욕과 이생의 자랑이니 다 아버지께로 좇아 온 것이 아니요 세상으로 좇아 온 것이라 이 세상도 그 정욕도 지나가되 오직 하나님의 뜻을 행하는 이는 영원히 거하느니라
>
> 요한일서 2장 15절~17절

우리가 버려야 할 것은 더러운 것과 넘치는 악입니다. 우리가 버려야 할

것은 타락한 인간본성에서 오는 죄의 성향입니다. 우리가 버려야 할 것은 육체적 쾌락을 얻고자 하는 나쁜 행실입니다. 그리스도는 우리 마음에 생명을 구원하는 진리의 말씀으로 새기길 원하십니다. 그리스도는 우리를 아버지께 나아가게 하시는 길과 진리이십니다.

> 너희는 도를 행하는 자가 되고 듣기만 하여 자신을 속이는 자가 되지 말라
>
> 야고보서 1장 22절

> 나더러 주여 주여 하는 자마다 천국에 다 들어갈 것이 아니요 다만 하늘에 계신 내 아버지의 뜻대로 행하는 자라야 들어가리라
>
> 마태복음 7장 21절

길을 바라보는 자도 길이 아닌 길을 가는 자도 길을 가지 않는 자도 모두 스스로를 기만하는 자입니다. 우리가 가는 구원의 길은 우리 삶 속에 펼쳐진 구원의 현장입니다. 구원은 그리스도와 함께 그 길을 걷는 자의 삶입니다.

이 땅의 순례자들

내가 산을 향하여 눈을 들리라 나의 도움이 어디서 올꼬 나의 도움이
천지를 지으신 여호와에게서로다

시편 121편 1절~2절

사람들이 산을 오르는 것은 정상에 서기 위함입니다. 사람들은 정상에
서 주변의 아름다움과 함께 성취감을 얻습니다. 이처럼 사람들이 높고 험
한 산을 계속 오르는 것은 자신의 존재감을 나타내려는 것입니다. 세상에
는 산이 아닌 하늘을 오르려는 사람들이 있습니다. 하늘을 오르려는 자는
세상에서 하나님의 나라를 향해 나아가는 순례자입니다. 순례의 시작은
하나님의 부름받은 아브라함이요 그가 이룬 이스라엘 민족입니다. 하나
님의 선택된 이스라엘 민족은 연중 절기마다 시온산을 향해 순례의 길을
걸었습니다.

예수님도 열두 해 되던 어린 시절 유월절 절기에 맞춰 시온산에 올랐습
니다. 예루살렘의 시온산에는 하나님의 성전이 있었기 때문입니다. 순례
자는 세상의 산을 오르는 자가 아니요 하나님의 나라를 오르는 자입니다.
순례자는 세상 가운데 하나님의 부름받은 사람이요 하나님께 예배로 나
아가는 사람입니다. 순례자는 하늘의 도움 없인 살 수 없는 자요 하나님

나라에 확신과 소망을 가진 천국인입니다. 이 땅을 떠도는 순례자는 갈 곳 있는 나그네요 외국인입니다.

> 그 부모가 해마다 유월절을 당하면 예루살렘으로 가더니 예수께서 열두 살 될 때에 저희가 이 절기의 전례를 좇아올라 갔다가 그날들을 마치고 돌아갈 때에 아이 예수는 예루살렘에 머무셨더라 그 부모는 이를 알지 못하고… 예수께서 가라사대 어찌하여 나를 찾으셨나이 까 내가 내 아버지 집에 있어야 될 줄을 알지 못하셨나이까 하시니
>
> 누가복음 2장 41절~43절, 49절

> 이 사람들은 다 믿음을 따라 죽었으며 약속을 받지 못하였으되 그것 들을 멀리서 보고 환영하며 또 땅에서는 외국인과 나그네로라 증거 하였으니 이같이 말하는 자들은 본향 찾는 것을 나타냄이라
>
> 히브리서 11장 13절~14절

순례자는 죄악에서 불러낸 택함받은 사람입니다. 택함받은 자는 더 이상 자신이 수인이 아닌 하나님의 소유된 백성입니다. 하나님의 소유된 백성은 하나님을 경외하는 사람입니다. 경외는 세상과 사람이 주는 무서움이나 공포가 아닌 하나님을 향한 공경입니다. 하나님을 경외하는 자는 하나님을 믿되 살아 계신 하나님을 믿는 사람입니다. 하나님을 믿는 자는 또한 믿음의 주요 믿음을 온전케 하시는 예수님을 믿는 사람입니다.

세상 중에서 내게 주신 사람들에게 내가 아버지의 이름을 나타내었

나이다 저희는 아버지의 것이었는데 내게 주셨으니 저희는 아버지의 말씀을 지키었나이다

요한복음 17장 6절

오직 우리의 시민권은 하늘에 있는지라 거기로서 구원하는 자 곧 주 예수 그리스도를 기다리노니

빌립보서 3장 20절

외모로 보시지 않고 각 사람의 행위대로 판단하시는 자를 너희가 아버지라 부른즉 너희의 나그네로 있을 때를 두려움으로 지내라

베드로전서 1장 17절

산을 오르는 자는 산을 바라보고 하늘을 오르는 자는 하늘을 바라보는 것입니다. 산을 오르는 자의 목적지는 산의 정상이요 하늘을 오르는 자의 정상은 하나님의 나라입니다. 하늘을 바라보는 자는 다만 하늘 본향을 바라보고 사모합니다. 하늘을 사모하는 자는 결코 이 땅에 안주하지도 할 수도 없습니다. 하늘을 오르는 자는 결코 물러설 수도 더디 갈 수도 없이 오직 앞으로 앞으로 나아갑니다.

내가 이미 얻었다 함도 아니요 온전히 이루었다 함도 아니라 오직 내가 그리스도 예수께 잡힌바 된 그것을 잡으려고 좇아가노라

빌립보서 3장 12절

오직 나의 의인은 믿음으로 말미암아 살리라 또한 뒤로 물러가면 내
마음이 저를 기뻐하지 아니하리라 하셨느니라 우리는 뒤로 물러가
침륜에 빠질 자가 아니요 오직 영혼을 구원함에 이르는 믿음을 가진
자니라

히브리서 10장 38절~39절

이 땅을 순례하는 자는 하나님 나라의 거룩한 백성인 성도입니다. 거룩
한 하나님의 백성의 푯대는 그리스도 예수입니다. 그러기에 하늘을 오르
려는 자의 마음은 언제나 주님을 바라보며 향해 달려갑니다. 그러기에 하
늘을 오르려는 자의 삶의 목적은 언제나 하나님나라의 의를 구하는 것입
니다. 우리의 순례가 끝나는 그곳에는 우리를 부르신 하나님의 부름의 상
이 우리를 기다립니다.

이제 후로는 나를 위하여 의의 면류관이 예비되었으므로 주 곧 의로
우신 재판장이 그날에 내게 주실 것이니 내게만 아니라 주의 나타나
심을 사모하는 모든 자에게니라

니보네후서 4상 8설

하나님의 사람

나 여호와가 말하노라 보라 날이 이르리니 내가 이스라엘집과 유다집
에 새언약을 새우리라 나 여호와가 말하노라 이 언약은 내가 그들의
열조의 손을 잡고 애굽땅에서 인도하여 내던 날에 세운 것과 같지 아
니할 것은 내가 그들의 남편이 되었어도 그들이 내 언약을 파하였음
이니라 나 여호와가 말하노라 그러나 그날 후에 내가 이스라엘 집에
세울 언약은 이러하니 곧 내가 나의 법을 그들의 속에 두며 그 마음에
기록하여 나는 그들의 하나님이 되고 그들은 내 백성이 될 것이라

예레미야 31장 31절~33절

하나님은 이스라엘의 구원을 위해 수많은 선지자들을 세워 하나님의
선민임을 자각하게 했습니다. 그러나 이스라엘은 언제나 하나님을 떠나
세상으로 나아가려 했습니다. 이스라엘은 하나님의 말씀과 율법과 마음
에서 떠나 있었던 것입니다. 구약의 선민 이스라엘 민족은 진정 하나님의
백성으로서 하나님의 요구에 미치지 못했습니다.

예수께서 대답하여 가라사대 진실로 진실로 네게 이르노니 사람이
거듭나지 아니하면 하나님 나라를 볼 수 없느니라… 진실로 진실로

네게 이르노니 사람이 물과 성령으로 나지 아니하면 하나님 나라에
들어갈 수 없느니라 육으로 난 것은 육이요 성령으로 난 것은 영이니

요한복음 3장 3절~6절 중

하나님은 구약을 넘어 신약에 이르기까지 끝까지 자기백성이 하나님을
자각하기를 원하십니다. 말씀이 육신으로 임하신 하나님이신 독생자 예
수님의 사역 역시 동일합니다. 하나님의 사람은 하나님을 알고 보고 듣고
깨닫는 자입니다. 하나님의 사람은 하나님께로부터 나왔기 때문입니다.
하나님의 사람은 생각과 구조가 새롭게 변화된 사람이기 때문입니다.

그러기에 하나님의 사람은 자존심이 아닌 겸손을 택하는 사람입니다.
하나님의 사람은 하나님의 영으로 다시 태어난 새사람입니다.

이러므로 하나님의 자녀들과 마귀의 자녀들이 나타나나니 무릇 의
를 행치 아니하는 자나 또는 그 형제를 사랑치 아니하는 자는 하나님
께 속하지 아니하니라

요한일서 3장 10절

하나님이 선택한 이스라엘 중에도 죄악 가운데 수많은 사람들이 죽어
갔습니다. 이스라엘 중에도 자신의 죄를 조상이나 하나님께 돌리는 데 열
심히인 회개 없는 사람들이 있었습니다. 우리 가운데는 거짓과 욕심과 탐
심과 죄가 가득한 짐승의 씨를 가진 자가 있습니다. 믿는다고 하는 자 중
에도 육신의 건강과 물질적 축복을 추구하는 인본주의적 세속주의자가
있습니다. 하나님은 기필코 짐승의 씨는 뽑으시고 사람의 씨인 하나님의

씨는 세우시고 심으십니다.

너희는 우리로 말미암아 나타난 그리스도의 편지니 이는 먹으로 쓴 것이 아니요 오직 살아 계신 하나님의 영으로 한 것이며 또 돌비에 쓴 것이 아니요 오직 육의 심비에 한 것이라

고린도후서 3장 3절

만일 너희 속에 하나님의 영이 거하시면 너희가 육신에 있지 아니하고 영에 있나니 누구든지 그리스도의 영이 없으면 그리스도의 사람이 아니라… 무릇 하나님의 영으로 인도함을 받는 그들은 곧 하나님의 아들이라… 성령이 친히 우리 영으로 더불어 우리가 하나님의 자녀인 것을 증거하시나니

로마서 8장 9절, 14절, 16절

구약은 돌비에 새긴 옛 언약과 선지자들을 세워 주신 하나님의 말씀으로 백성을 일깨웁니다. 신약은 우리 각자의 마음에 새겨준 새 언약과 성령의 역사를 통해 주신 말씀으로 우리를 깨우십니다. 구약은 언약의 말씀을 돌비에 새겨 지식적으로 하나님을 알게 합니다. 신약은 말씀을 심령에 새겨 전인격적으로 하나님을 알게 합니다. 하나님은 하나님의 영이신 성령으로 자기 백성의 마음속 깊은 곳까지 찾아오십니다. 우리 하나님의 사람은 그리스도의 영이신 성령이 함께하는 사람입니다.

너희가 하나님의 성전인 것과 하나님의 성령이 너희 안에 거하시는

것을 알지 못하느뇨

고린도전서 3장 16절

하나님의 사람들을 성령께서 부르시면서 시작한 것이 교회입니다. 교회는 하나님의 영과 함께하는 사람들이 모인 성령 공동체 입니다. 하나님의 사람들은 성령의 보호와 인도로 살아가는 성령의 전이요 교회 된 성도입니다. 하나님의 사람은 하나님의 씨가 있는 사람이요 그 안에 있는 하나님의 영은 영원합니다.

사랑하기 때문에

　우리는 누구나 보고 싶은 사람들을 그리워하며 살아갑니다. 살아갈 날이 얼마 남지 않은 사람에게 있어서 그 그리움은 더욱 간절합니다. 우리들은 누구나 생사는 알 수 없지만 보고 싶고 찾고 싶고 만나고 싶은 사람들이 있습니다. 그러나 우리 중에는 정말 보고 싶어도 더 이상 이 땅에서는 볼 수 없는 사람들도 있습니다. 더러는 찾을 수는 있지만 굳이 보고는 싶지 않기에 찾지 않는 사람들도 있습니다. 우리는 자연재해와 같은 외부적 요인이나 살아가기 위한 내부적 요인으로 서로가 헤어져 살기도 합니다. 우리가 누군가를 간절히 마음에 새기고 그리워하는 것은 그 사람을 향한 사랑이 있기 때문입니다.

> 너희는 예루살렘 거리로 빨리 왕래하며 그 넓은 거리에서 찾아보라 알라 너희가 만일 공의를 행하며 진리를 구하는 자를 한 사람이라도 찾으면 내가 이 성을 사하리라 그들이 여호와의 사심으로 맹세할지라도 실상은 거짓 맹세니라… 내가 말하기를 이 무리는 비천하고 우준한 것뿐이라 여호와의 길, 자기 하나님의 법을 알지 못하니 내가 귀인들에게… 말하리라 그들은 여호와의 길, 자기 하나님의 법을 안다 하였더니 그들도 일제히 그 멍에를 꺾고 결박을 끊은지라 그러므

로 수풀에서 나오는 사자가 그들을 죽이며… 이는 그들의 허물이 많고 패역이 심함이니이다

예레미야 5장 1절~6절 중

하나님이 세상에 오신 것은 멸망해 가는 우리를 구원하시려는 사랑 때문입니다. 하나님은 잃어버렸지만 잊을 수 없는 사랑하는 우리를 찾아 이 땅에 오신 것입니다. 주님은 진리를 구하는 불쌍한 영혼을 찾아 여기 우리 곁에 오신 것입니다. 주님이 우리를 찾아 하늘에서 이 땅에 오신 것은 우리를 향한 전적인 사랑 때문입니다. 하나님이 이스라엘을 선택하신 것도 이스라엘이 세상에서 가장 힘없고 불쌍한 민족이었기 때문입니다.

그럼에도 불구하고 이스라엘은 앗수르(Assyria)와 바벨론(Babylonia)에 의해 멸망하게 됩니다. 하나님의 선민 이스라엘이 남과 북으로 분열되고 결국 외세에 멸망당하게 된 것은 하나님 앞에 말과 행동이 일치하지 않은 거짓 맹세와 외식적인 삶과 하나님의 사랑을 바로 알지 못한 영적 소경이었기에 하나님께 돌아오기를 싫어한 결과입니다. 하나님을 예배하던 유다의 종교지들조차도 율법을 멍에나 결박으로 여겨 지키지 않고 폐기했던 것입니다. 하나님이 진리요 구원을 주시는 분인 것을 아는 유다 백성이 이스라엘 중에는 없었던 것입니다.. 하나님이 구원을 위해 선택한 민족일지라도 하나님의 사랑을 외면하면 그 심판은 피할 수 없는 것입니다.

또 말하되 자, 성과 대를 쌓아 대 꼭대기를 하늘에 닿게 하여 우리 이름을 내고 온 지면에 흩어짐을 면하자 하였더니… 여호와께서 거기

서 그들을 온 지면에 흩으신 고로 그들이 성 쌓기를 그쳤더라

창세기 11장 4절, 8절

가까이 나아가 가로되 주께서 의인을 악인과 함께 멸하시려나이까… 여호와께서 가라사대 내가 만일 소돔 성 중에서 의인 오십을 찾으면 그들을 위하여 온 지경을 용서하리라… 내가 거기서 사십오 인을 찾으면 멸하지 아니하리라… 사십 인을 인하여 멸하지 아니하리라… 삼십 인을 찾으면 멸하지 아니하리라… 내가 이십 인을 인하여 멸하지 아니하리라…내가 십 인을 인하여도 멸하지 아니하리라 여호와께서 아브라함과 말씀을 마치시고 즉시 가시니 아브라함도 자기 곳으로 돌아갔더라

창세기 18장 23절~32절 중

하나님은 악인과 의인을 구별하여 각각 멸하시고 또한 구원하시는 공의로우신 분이십니다. 하나님을 알지 못한 사람들은 자기 이름을 세상에 내기 위해 자신의 바벨탑을 쌓아갑니다. 하나님을 떠난 사람들은 더 이상 하나님을 높이고 찬양하며 살지 않습니다. 변함이 없으신 하나님은 의로운 자는 모으시고 불의한 자는 흩어 놓으신다 말씀하십니다. 하나님의 공의는 반드시 죄와 악은 진멸하시는 것입니다. 하나님의 사랑은 자기 백성은 단 한명도 남겨 두지 않고 하나님 나라에 인도하시겠다는 약속입니다.

인자의 온 것은 잃어버린 자를 찾아 구원하려 함이니라

누가복음 19장 10절

말씀이 육신이 되어 우리 가운데 거하시매 우리가 그 영광을 보니 아버지의 독생자의 영광이요 은혜와 진리가 충만하더라

요한복음 1장 14절

그리스도는 하나님의 사람을 찾기 위해 이 땅에 오신 것입니다. 하나님은 율법으로는 이스라엘을, 그리스도의 복음으로는 영적 이스라엘인 우리를 찾아오신 것입니다. 예수 그리스도는 하나님의 영, 곧 성령으로 사람을 통해 이 땅에 오신 성육신(Incarnation)하신 분이십니다. 하나님이신 예수가 우리를 찾아오신 것은 우리로 자기를 알고 믿어 영생을 얻게 하기 위함입니다.

따라서 세상에서 예수 그리스도를 믿으며 사는 것은 기적의 삶이요 은혜의 삶입니다. 우리의 믿음의 삶은 우리의 노력으로는 할 수 없는 지속적으로 경험하는 성령의 역사이기 때문입니다. 하나님은 예수의 믿음을 가진 마지막 한 사람을 찾기까지 세상의 마지막 날을 사랑으로 유보하십니다. 구원을 이루시는 하나님의 크신 사랑은 끝이 없습니다.

중심을 보시는 하나님

여호와께서 사무엘에게 이르시되 그 용모와 신장을 보지 말라 내가
이미 그를 버렸노라 나의 보는 것은 사람과 같지 아니하니 사람은 외
모를 보거니와 나 여호와는 중심을 보느니라

사무엘상 16장 7절

사람은 누구나 남과는 다른 자기만의 독특한 모습을 지니고 태어나 살
아갑니다. 그러나 어떤 사람들은 자신의 본래 모습이 아닌 또 다른 모습
으로 살아가기를 주저하지 않습니다. 세상에는 이중적 또는 다중적 모습
의 인격자들이 많습니다. 세상에는 자신의 정체성을 모호하게 하거나 숨
기기 위해 가면을 쓴 자가 많습니다. 가면은 자신이 추구하는 마음속에
감춰진 또 다른 모습인 것입니다. 세상의 욕망을 추구하는 많은 사람들은
세상이 요구하는 가면을 스스로 만들어 쓰는 것입니다. 가면은 세상과 인
간이 빚어낸 욕망의 산물이며 중심을 잃고 비틀거리는 삶들의 자화상인
것입니다.

가면은 자신의 존재 가치와 의미를 불확실하게 하거나 소멸시키는 세
상과의 타협을 위한 도구입니다. 세상의 이기와 거짓이 거듭될수록 불의
한 세상을 살아가는 사람들의 모습은 다양해지는 것입니다. 삶의 중심이

하나님이 아닌 세상인 사람들은 자신의 육신적 삶을 위해 자신의 참모습이 아닌 광대가 되어 가는 것입니다.

> 사람의 행위가 자기 보기에는 모두 깨끗하여도 여호와는 심령을 감찰하시느니라
>
> 잠언 16장 2절

> 마음을 감찰하시는 이가 성령의 생각을 아시나니 이는 성령이 하나님의 뜻대로 성도를 위하여 간구하심이니라
>
> 로마서 8장 27절

세상 사람들이 쓰고 있는 가면(Tal)은 자신이 삶을 위한 한 방편입니다. 사람들은 세상과 더불어 서로 동화되고 관계하고 존재하기를 원하기 때문입니다. 세상은 사람의 마음속 본모습이 아닌 밖으로 들어난 겉모습을 즐겨 보기를 원하기 때문입니다. 세상을 살아가는 외형적인 힘과 생존을 위한 보증은 변화무쌍한 모습이어야 하기 때문입니다. 세상과 세상을 사는 사람들은 세상이 양산하는 수많은 가면을 쓰고 소통하며 관계를 유지하는 것입니다. 실로 세상이 요구하는 가면은 거짓된 자신이 만든 또 다른 거짓을 위해 가장한 모습인 것입니다. 중심에 하나님이 없는 사람들은 세상이 원하는 또 다른 세상을 만들어 가는 것입니다.

> 지금 가서 아말렉을 쳐서 그들의 모든 소유를 남기지 말고 진멸하되 남녀와 소아와 젖 먹는 아이와 우양과 약대와 나귀를 죽이라 하셨나

이다… 사울과 백성이 아각과 그 양과 소의 가장 좋은 것 또는 기름
진 것과 어린 양과 모든 좋은 것을 남기고 진멸키를 즐겨 아니하고
가치 없고 낮은 것은 진멸하니라… 사무엘이 가로되 여호와께서 번
제와 다른 제사를 그 목소리 순종하는 것을 좋아 하심같이 좋아하시
겠나이까 순종이 제사보다 낫고 듣는 것이 수양의 기름보다 나으니
이는 거역하는 것은 사술의 죄와 같고 완고한 것은 사신 우상에게 절
하는 죄와 같음이라 왕이 여호와의 말씀을 버렸으므로 여호와께서
도 왕을 버려 왕이 되지 못하게 하셨나이다

사무엘상 15장 3절, 9절, 22절~23절

하나님은 하나님의 백성을 대적하는 아멜렉의 모든 소유를 남김없이
진멸할 것을 사울에게 명하십니다. 그러나 사울왕의 불순종은 하나님의
뜻에 합당한 다윗이 이스라엘의 왕이 되게 합니다.

하나님은 사람의 외모가 아닌 사람의 마음속 동기와 목적과 순수성을
보시고 사람을 세우십니다. 외모가 출중한 이스라엘의 초대왕 사울과 백
성들은 자신들의 생각과 욕심과 의지에 따라 행동한 것입니다. 세상과 세
상을 살아가는 사람들의 중심에는 하나님을 떠난 죄악 된 생각과 의지와
행동이 있습니다. 세상의 가면은 자신이 추구하는 목적에 따라 다양하게
나타나는 하나님을 거역하는 사람들의 완고하고 고집스런 모습인 것입니
다.

사람은 육신의 눈으로 드러나는 것을 보지만 영이신 하나님은 우리의
감춰진 속마음을 보는 것입니다. 우리의 영과 혼과 육체의 어느 것 하나
도 하나님이 기쁨으로 만드시지 않은 것이 없기 때문입니다. 사람의 중심

인 마음(Heart)은 지적, 정서적, 의지적 전반을 아우르는 영적 능력의 좌표이기 때문입니다.

> 예수는 그 몸을 저희에게 의탁치 아니하셨으니 이는 친히 모든 사람
> 을 아심이요 또 친히 사람의 속에 있는 것을 아시므로 사람에 대하여
> 아무의 증거도 받으실 필요가 없음이니라
>
> 요한복음 2장 24절~25절

하나님이신 예수님은 선재성과 창조성에 기인한 초자연적 통찰력으로 사람을 판단하십니다. 세상은 세상이 원하는 인간적이고 세속적인 화려하고 현란한 가면을 쓴 사람을 세우는 것입니다.

하나님이 우리를 택하신 것은 우리가 세상이 요구하는 가면을 원치 않기 때문입니다. 사람의 중심이 세상이면 죽은 영혼의 탈을 쓰고 춤추는 허수아비인 것입니다. 하나님의 사람의 중심이 세상이면 거룩한 탈로 가장한 회칠한 무덤인 것입니다.

중심이 세상이면 예수를 의심하는 자요 마음에 근심과 걱정과 불안이 요동치는 자입니다. 우리의 중심에 하나님과 예수님을 선석으로 신뢰할 때 우리는 기쁨과 감격과 평강한 자가 되는 것입니다. 우리의 중심을 보시는 주님은 불의한 세상에서 의롭게 거짓된 세상에서 진실되게 이기적인 세상에서 이타적인 우리의 삶의 모습을 보기 원하십니다. 우리가 하나님의 장중(In his hand)에 온전히 사로잡힘으로 비로소 하나님의 사람이 되는 것입니다.

소경된 바리새인아 너는 먼저 안을 깨끗이 하라 그리하면 겉도 깨끗하리라

마태복음 23장 26절

천국의 비밀을 아는 자

　우리 사람은 하나님의 모든 말씀을 이해할 수도 깨달을 수도 없습니다. 정확히 말하면 우리는 하나님에 대해서 모르는 것이 아는 것보다 더 많습니다. 우리가 하나님을 알 수 있는 것은 하나님의 말씀인 성경과 성령의 도우심입니다. 그럼에도 불구하고 하나님의 말씀에는 우리가 알 수 없는 비밀들이 많습니다. 하나님의 비밀 중에 하나가 하나님의 나라인 천국입니다.

　하나님의 나라는 하나님과 함께 영원 전부터 존재한 나라입니다. 우리는 우리의 지식과 지혜와 능력으로 하나님의 나라인 천국을 알 수 없습니다. 그러나 하나님은 우리 중에 천국을 아는 자가 있다고 말씀하십니다. 하나님의 나라는 주님의 말씀을 듣고 보고 깨달은 자만 알 수 있는 것입니다.

　대답하여 가라사대 천국의 비밀을 아는 것이 너희에게 허락되었으나 저희에게는 아니되었나니 무릇 있는 자는 받아 넉넉하게 되되 무릇 없는 자는 그 있는 것도 빼앗기리라 그러므로 내가 저희에게 비유로 말하기는 저희가 보아도 보지 못하며 들어도 듣지 못하며 깨닫지 못함이니라

　　　　　　　　　　　　　　　　　마태복음 13장 11절~13절

하나님의 비밀인 천국은 허락된 자만이 듣고 깨달아 볼 수 있는 것입니다. 우리의 마음이 지향하는 바가 세상과 물질이면 천국은 끝내 알 수 없습니다. 왜냐하면 세상에 집착하는 사람에게는 세상이 곧 천국이기 때문입니다. 천국은 세상과 물질이 주인이 아닌 하나님이 주인인 나라를 소유한 자의 것이기 때문입니다.

아무나 천국 말씀을 듣고 깨닫지 못할 때는 악한 자가 와서 그 마음에 뿌리운 것을 빼앗나니 이는 곧 길가에 뿌리운 자요 돌밭에 뿌리웠다는 것은 말씀을 듣고 즉시 기쁨으로 받되 그 속에 뿌리가 없어 잠시 견디다가 말씀을 인하여 환난이나 핍박이 일어나는 때에는 곧 넘어지는 자요 가시 떨기에 뿌리운다는 것은 말씀을 들으나 세상의 염려와 재리의 유혹에 말씀이 막혀 결실치 못하는 자요 좋은 땅에 뿌리운다는 것은 말씀을 듣고 깨닫는 자니 결실하여 혹 백 배, 혹 육십 배, 혹 삼십 배가 되느니라 하시더라

마태복음 13장 19절~23절

천국은 곧 하나님이요 이 땅에 오신 말씀이 육신이 되신 주님입니다. 천국 되신 주님은 또한 이 땅에 천국복음의 씨를 뿌리는 농부입니다. 사람들은 저마다 이 세상에서 땀 흘리며 씨 뿌리는 농부와 같은 삶을 살아갑니다. 씨 뿌리는 자는 눈물로 씨를 뿌리지만 기쁨으로 결실을 얻고자 합니다. 그러나 모든 씨가 다 싹을 내고 결실을 얻는 것은 아닙니다. 그것은 씨가 뿌려지는 곳과 자라는 곳과 결실하는 곳이 세상이기 때문입니다. 세상에 있는 밭은 길가이거나 돌밭이거나 가시떨기밭이기 때문입니다. 더

불어 세상에는 좋은 씨를 뿌리는 자뿐만 아니라 가라지를 뿌리는 자도 있습니다.

> 이 백성들의 마음이 완악하여져서 그 귀는 듣기에 둔하고 눈은 감았으니 이는 눈으로 보고 귀로 듣고 마음으로 깨달아 돌이켜 내게 고침을 받을까 두려워함이라 하였느니라 그러나 너희 눈은 봄으로 너희 귀는 들음으로 복이 있도다
>
> 마태복음 13장 15절, 16절

> 내가 복음을 부끄러워하지 아니 하노니 이 복음은 모든 믿는 자에게 구원을 주시는 하나님의 능력이 됨이라…
>
> 로마서 1장 16절 중

우리들의 생애 가운데 영혼을 새롭게 소성하는 봄날이 자주 오는 것은 아닙니다. 우리 가운데는 천국이 왔으나 듣지도 보지도 깨닫지도 못하는 허다한 사람들이 많습니다. 우리 가운데는 하나님을 저버리고 자기 의지에 살찌우는 어리석은 사람들이 너무도 많습니다. 우리 가운데는 상실된 영혼을 그대로 방치하는 가엾은 사람들이 많습니다. 우리에게 천국의 비밀을 알게 하신 주님은 하늘로서 오신 살아있는 생명의 말씀입니다. 주님의 말씀인 복음은 우리를 다시 살게 하신 구원을 주시는 하나님의 능력입니다.

세례 요한의 때부터 지금까지 천국은 침노를 당하나니 침노하는 자

는 빼앗느니라

마태복음 11장 12절

율법과 선지자는 요한의 때까지요 그 후부터는 하나님의 나라의 복
음이 전파되어 사람마다 그리로 침입하느니라

누가복음 16장 16절

천국의 사람은 천국 되신 주님의 말씀을 듣고 깨달아 복음의 열매 맺는
일군입니다. 천국의 사람은 이 땅에서 하늘의 비밀을 알고 천국 되어 살
아가는 거룩한 성도입니다. 천국의 사람은 이 땅에 주님의 말씀을 전하는
전도자입니다. 천국의 사람은 주님을 주인으로 영접하는 주님의 종입니
다. 천국의 사람들은 죽어 가는 영혼을 생명으로 인도하는 인도자입니다.

이 천국복음이 모든 민족에게 증거 되기 위하여 온 세상에 전파되리
니 그제야 끝이 오리라

마태복음 24장 14절

평안한 자

이르시되 추수할 것은 많되 일군이 적으니 그러므로 추수하는 주인에게 청하여 추수할 일군들을 보내어 주소서 하라 갈지어다 내가 너희를 보냄이 어린 양을 이리 가운데로 보냄과 같도다 전대나 주머니나 신을 가지지 말며 길에서 아무에게도 문안하지 말며 어느 집에 들어가든지 먼저 말하되 이 집이 평안할지어다 하라 만일 평안을 받을 사람이 거기 있으면 너희 빈 평안이 그에게 머물 것이요 그렇지 않으면 너희에게로 돌아오리라

누가복음 10장 2절~6절

평안은 마음에 근심과 걱정이 없는 것을 말합니다. 자유나 평화는 마음이 평안한 사람들이 누리는 행복한 삶에서 오는 것입니다. 그러나 평안은 쉽게 오지 않고 언제나 수없이 많은 도전을 받게 되는 것입니다. 그것은 세상이 주는 마음의 근심과 걱정과 두려움입니다. 따라서 세상을 살아가는 수많은 사람들은 평안이 아닌 불안한 마음으로 살아가는 것입니다. 평안이 없는 삶은 세상에 붙잡혀 있는 삶이요 연연한 삶이요 얽매여 쉼이 없는 삶입니다. 그러기에 세상이 주는 평안은 불안 가운데 순간순간 스치는 일시적인 것입니다. 진정한 평안이 없기에 인류에게 평화는 요원한 것

입니다.

> 지극히 높은 곳에서는 하나님께 영광이요 땅에서는 기뻐하심을 입
> 은 사람들 중에 평화로다 하니라
>
> 누가복음 2장 14절

> 평안을 너희에게 끼치노니 곧 나의 평안을 너희에게 주노라 내가 너
> 희에게 주는 것은 세상이 주는 것 같지 아니하니라 너희는 마음에 근
> 심도 말고 두려워하지도 말라
>
> 요한복음 14장 27절

온 인류가 진정으로 바라야 하는 평안은 예수 그리스도로부터 오는 것
입니다. 우리가 원하는 평안은 하나님과의 관계를 회복함으로 얻게 되는
것이기 때문입니다. 하나님과 단절된 타락한 인류는 하나님이 화목제로
보낸 예수 그리스도로 말미암아 비로소 마음의 안정을 되찾고 평안을 누
리며 인간 상호간에도 화평을 도모하게 되는 것입니다. 따라서 평안은 예
수 그리스도의 오심을 기쁨으로 맞이하는 사람이 받고 누리는 것입니다.
평안은 주님을 이 땅에 보내신 하나님을 진정으로 사랑하고 영광드리는
자의 것입니다. 평안이 없는 사람은 마음이 항상 요동치며 불안하기에 자
유와 평화가 없는 것입니다. 평안이 없는 삶은 세상일에 열심은 있으나
쉼이 없고 분주하며 초조하고 조급해하는 것입니다. 평안을 주시는 주님
은 우리의 마음과 가정과 삶이 늘 평안하기를 원하십니다. 우리의 평안은
예수 그리스도를 기쁨으로 받아들이는 우리의 마음이 이루는 것입니다.

육신의 생각은 사망이요 영의 생각은 평안이니라 육신의 생각은 하나님과 원수가 되나니 이는 하나님의 법에 굴복치 아니할 뿐 아니라 할 수도 없음이라 육신에 있는 자들은 하나님을 기쁘시게 할 수 없느니라

로마서 8장 6절

또 내가 내 영혼에게 이르되 영혼아 여러 해 쓸 물건을 많이 쌓아 두었으니 평안히 쉬고 먹고 마시고 즐거워하자 하리라 하되 하나님은 이르시되 어리석은 자여 오늘 밤에 네 영혼을 도로 찾으리니 그러면 네 예비한 것이 뉘 것이 되겠느냐 하셨으니 자기를 위하여 재물을 쌓아 두고 하나님께 대하여 부요치 못한 자가 이와 같으니라

누가복음 12장 19절~21절

예수 그리스도의 평안은 영생을 지향하는 우리의 진정한 영혼에게 주시는 것입니다. 반면에 세상이 주는 평안은 사망을 지향하는 썩을 육신에 주는 것입니다. 부패한 인간의 본성은 한결같이 죄의 성향과 마음으로 세상의 물질을 추구합니다. 우리가 지향하는 목적과 동기와 생각이 세상이면 평안이 아니요 불안인 것입니다. 예수께서 주시는 평안은 하나님과의 관계를 회복케 하고 지속케하여 우리를 영생에 이르게 하는 것입니다. 그리스도의 평안이 없는 육체는 죽은 영혼입니다.

그러므로 우리가 믿음으로 의롭다 하심을 얻었은즉 우리 주 예수 그리스도로 말미암아 하나님으로 더불어 화평을 누리자

로마서 5장 1절

하늘로부터 오는 평안은 예수 그리스도를 믿음으로 받아들이는 자가 받게 되는 축복입니다. 예수님으로부터 오는 평안은 세상의 영인 사단을 이김으로 오는 것입니다. 평안을 전하는 성도는 상한 심령에게 위로와 용기를 전하는 화평케 하는 사람(peacemakers)입니다. 화평케 하는 자는 불쌍한 영혼을 사랑으로 감싸며 저들에게도 기쁨과 평안이 임하도록 해야만 합니다. 평안을 누리는 성도는 방황하는 영혼에게 하나님의 뜻을 전하고 하나님의 일을 권유하여 저들이 축복을 받도록 해야 하는 평화의 사명자입니다.

> 이기는 그에게는 내가 내 보좌에 함께 앉게 하여 주기를 내가 이기고
> 아버지 보좌에 함께 앉은 것과 같이하리라
>
> 요한계시록 3장 21절

천국의 아이들

아이들은 어른보다 신체적 정신적으로 연약할 뿐만 아니라 삶의 연륜과 경험이 부족합니다. 아이들은 사리를 분별하는 능력이나 생각이나 지각이 깊지도 충분하지도 않습니다. 이런저런 이유로 아이들은 때로는 어른들에게 귀찮은 존재나 방해되는 존재로 여겨집니다. 그럼에도 불구하고 우리의 어린이들은 어른들에 의해 보호받고 양육받아야 하는 존재입니다. 예수님이 당시에도 어린아이들은 생산적 가치 없는 천하고 귀찮은 존재로 여겨졌습니다. 아이들은 노역과 전쟁을 감당할 수 없는 힘없고 나약한 존재로 취급되었습니다. 어린아이들에 대한 인식은 예수님의 제자들 역시 예외는 아니었습니다.

사람들이 예수의 만져 주심을 바라고 어린아이들을 데리고 오매 제자들이 꾸짖거늘 예수께서 보시고 분히 여겨 이르시되 어린아이들이 내게 오는 것을 용납하고 금하지 말라 하나님의 나라가 이런 자의 것이니라 내가 진실로 너희에게 이르노니 누구든지 하나님의 나라를 어린아이와 같이 받들지 않는 자는 결단코 들어가지 못하리라 하시고 그 어린아이들을 안고 저희 위에 안수하시고 축복하시니라

마가복음 10장 13절~16절

예수님은 제자들에게 실재적 생활과 주변의 실물을 통해서 말씀을 가르치셨습니다. 예수님은 어린아이들의 본성을 통해서 제자들로 하여금 하나님나라를 알기 원했습니다. 어린아이들은 말과 행동에 아무런 꾸밈 없는 천진난만하고 순수한 존재입니다. 어린아이들은 사실을 있는 그대로를 가감 없이 받아들이고 나타내고 반응합니다. 하물며 어린아이들은 자신의 연약함과 부족함을 그대로 표출합니다. 하지만 어린아이는 자신보다 타인을 수용하고 의뢰하려는 겸손이 있습니다.

> 누구든지 내 이름으로 이런 어린아이 하나를 영접하면 곧 나를 영접함이요 누구든지 나를 영접하면 나를 영접함이 아니요 나를 보내신 이를 영접함이니라
>
> 마가복음 9장 37절

세상의 많은 사람들은 자신보다 부유한 자 힘 있는 자 인기 있는 자를 추종하려 합니다. 생존경쟁의 세상에서 사람들은 누리는 삶이 필요로 하는 모든 것들을 좇아갑니다. 그러나 하나님 나라 백성의 삶은 이 땅에서 누리는 자가 아니요 천국이 되어 살아가는 것입니다. 그러기에 세상 가운데 나그네로 살아가는 사람은 천국의 사람인 것입니다.

어린아이는 이 세상에서 가장 여리고 약한 존재입니다. 천국 되어 살아가는 하나님의 사람은 이러한 사람들을 외면치 않고 함께합니다. 많은 사람들은 천국을 말하면서도 천국의 실체에 대해서 잘 알지 못합니다. 예수님을 따르던 제자들도 천국에 대해서 전혀 알지 못했던 것입니다. 천국의 사람은 이 땅에서 어린아이와 같이 섬기며 살아가는 나그네입니다. 나그

네는 세상에서 현재적 하나님 나라를 살아가는 사람입니다. 주님은 이 땅에 천국으로 오신 것입니다.

천국의 척도는 오늘 우리가 어떤 자를 섬기고 있느냐에 달린 것입니다. 어린아이는 세상에서 가장 맑고 깨끗한 하늘을 닮은 존재입니다.

> 가라사대 때가 찼고 하나님 나라가 가까웠으니 회개하고 복음을 믿
> 으라 하시더라
>
> 마가복음 1장 15절

> 그러나 내가 만일 하나님의 손을 힘입어 귀신을 쫓아내는 것이면 하
> 나님의 나라가 이미 너희에게 임하였느니라
>
> 누가복음 11장 20절

세상은 힘으로 통치하는 나라요 하나님의 나라는 사랑으로 통치하고 사랑으로 섬깁니다. 사랑으로 다스리는 나라는 한 영혼 한 영혼을 섬기는 나라입니다. 하나님 나라는 세상이 품어온 유전적 기존 인식의 틀을 벗어남으로 시작합니다. 그러기에 세상 가운데 선포된 예수의 천국복음은 우리의 회개가 선행될 것을 요구합니다. 회개는 세상의 기존 인식의 틀에서 벗어나는 근본적인 변화입니다. 천국은 세상에서 가장 멀리 있고 주님에게는 가장 가까이 있는 어린아이들의 마음과도 같습니다.

> 내가 주릴 때에 너희가 먹을 것을 주었고 목마를 때에 마시게 하였고
> 나그네 되었을 때에 영접하였고 벗었을 때에 옷을 입혔고 병들었을

때에 돌아보았고 옥에 갇혔을 때에 와서 보았느니라… 임금이 대답하여 가라사대 내가 진실로 너희에게 이르노니 너희가 여기 내 형제 중에 지극히 작은 자 하나에게 한 것이 곧 내게 한 것이니라 하시고

마태복음 25장 35절, 36절, 40절

우리의 본향

하나둘 물방울이 모여 작은 강을 이루고 이내 큰 강이 되어 바다로 흘러갑니다. 이렇듯 모든 물들은 바다를 향합니다. 만물이 그러히듯 우리의 삶도 마찬가지입니다. 우리의 삶엔 시작과 끝이 있습니다. 우리는 저마다 태어난 고향이 있고 언제나 그 고향을 그리워합니다. 갓 태어난 아기가 엄마 품을 찾듯 꿈속에서도 고향을 동경합니다. 고향은 우리들 삶에 위로와 안식을 주는 삶의 근원이기 때문입니다.

> 저희가 나온바 본향을 생각하였더면 돌아갈 기회가 있었으려니와
> 저희가 이제는 더 나은 본향을 사모하니 곧 하늘에 있는 것이라 그러
> 므로 하나님이 저희 하나님이라 일컬음 받으심을 부끄러워아니하시
> 고 저희를 위하여 한 성을 예비하셨느니라
>
> 히브리서 11장 15절, 16절

우리에게는 두 개의 고향이 있습니다. 육신의 고향과 영혼의 고향입니다. 우리에게는 땅에 속한 고향과 하늘에 속한 고향인 본향이 있습니다. 영혼의 고향은 인간의 근원적 고향인 더 나은 본향을 말합니다. 그래서 믿음으로 살아가는 모든 사람들은 하늘에 속한 본향을 늘 사모합니다. 하

늘의 본향은 우리가 태어난 곳이요 또한 돌아갈 곳이요 하나님 아버지의 나라입니다. 우리의 삶의 궁극적 목적은 떠나온 본향을 찾아 하늘길로 오르는 것입니다.

> 여호와께서 아브람에게 이르시되 너는 너의 본토 친척 아비 집을 떠나 내가 네게 지시할 땅으로 가라
>
> 창세기 12장 1절

> 믿음으로 아브라함은 부르심을 받았을 때에 순종하여 장래기업으로 받을 땅에 나갈 때 갈 바를 알지 못하고 나갔으며
>
> 히브리서 11장 8절

하나님은 아브라함을 부르실 때 믿음의 조상으로 부르셨습니다. 하나님은 믿음의 조상에게 가야 할 곳 가나안을 지시하셨습니다. 가나안은 순종으로 걸어가는 찾을 수 있는 영원한 본향입니다. 가나안은 땅에 속하지 않은 하늘의 본향입니다. 본향은 믿음 없이는 갈 수 없고 불순종으로는 나아갈 수 없는 영혼의 고향입니다. 영혼의 고향인 본향을 향하는 자들은 결코 육신적인 고향에 연연할 수 없는 것입니다.

> 이 사람들은 다 믿음을 따라 죽었으며 약속을 받지 못하였으되 그것들을 멀리서 보고 환영하며 또 땅에서는 외국인과 나그네로라 증거하였으니
>
> 히브리서 11장 13절

우리는 흙에서 나와 흙으로 돌아가는 땅의 사람입니다. 그러나 우리가 하나님의 부르심에 순종으로 나아갈 때 우리는 벌써 하늘의 사람입니다. 믿음은 하나님이 우리에게 주신 특별한 선물이요 은혜입니다. 믿음과 은혜는 땅의 것이 아닌 하늘의 것입니다. 믿음으로 사는 사람들은 땅에 있으나 하늘에 속한 사람이요 하늘이 본향입니다.

세상에는 땅으로 돌아갈 사람이 있고 하늘로 돌아갈 사람이 있습니다. 믿음으로 사는 사람만이 오직 하나님께 영원한 생명으로 돌아가는 것입니다. 돌아갈 본향이 있는 사람들에게 이 땅은 하나님 나라를 향한 활주로인 것입니다. 우리는 다만 이 땅에서 나그네입니다.

> 그때에 임금이 그 오른편에 있는 자들에게 이르시되 내 아버지께 복
> 받을 자들이여 나아와 창세로부터 너희를 위하여 예비 된 나라를 상
> 속하라
>
> 마태복음 25장 34절

> 내 아버지 집에 거할 곳이 많도다 그렇지 않으면 너희에게 일렀으리
> 라 내가 너희를 위하여 처소를 예비하러 가노니 가서 너희들 위하여
> 처소를 예비하면 내가 다시 와서 너희를 내게로 영접하여 나 있는 곳
> 에 너희도 있게 하리라
>
> 요한복음 14장 2절, 3절

세상 사람들은 한결같이 땅의 것에 연연하며 살아갑니다. 사람들은 땅이 주는 모든 것을 분주히 취하고자 합니다. 사람들은 현실에 급급하며

오로지 땅을 바라보며 하늘은 애써 외면합니다. 그러나 육신의 고향보다 더 나은 본향을 생각하는 사람은 언제나 하늘을 사모합니다. 더 나은 본향은 영혼의 쉼터요 영원한 안식처입니다. 그곳은 우리가 기필코 가야할 주님의 나라요 하나님 아버지의 나라입니다.

또 내가 보매 거룩한 성 새 예루살렘이 하나님께로부터 하늘에서 내려오니 그 예비한 것이 신부가 남편을 위하여 단장한 것 같더라

요한계시록 21장 2절

나의 집

　사람은 일생 동안 의식주 생활을 하면서 살아갑니다. 사람들 가운데 어떤 사람들은 일평생 의식주만을 위해서 살아가기도 합니다. 생활의 터전인 주거공간은 많은 사람들의 주요 관심사입니다. 인류의 주거공간은 지친 심신을 다시 일으키는 힘의 원천이요 안식처이기 때문입니다. 세상의 많은 사람들이 일생 동안 자기 집 갖기를 간절히 원하고 소망하는 이유입니다.

> 우주와 그 가운데 있는 만유를 지으신 신께서는 천지의 주재시니 손으로 지은 전에 계시지 아니하시고
>
> **사도행전 17장 24절**

> 예수께서 가라사대 어찌하여 나를 찾으셨나이까 내가 내 아버지 집에 있어야 될 줄을 알지 못하셨나이까 하시니
>
> **누가복음 2장 49절**

　이 땅에 오신 예수께서도 집이 있었습니다. 예수께서는 나의 집은 내 아버지 집, 곧 하나님의 집이라고 말씀하셨습니다. 하나님의 집은 사람이

지은 집이 아니요 집주인도 또한 사람이 아닌 것입니다. 예수님과 예수님을 믿는 사람들의 집은 하나님이 주인으로 계시는 성령의 전입니다. 하나님 아버지 집은 어느 누구든지 찾아오는 곳이요 죄인이 용서받고 의인되는 곳이요 병든 자를 강건하게 회복하는 곳입니다.

> 너희가 하나님의 성전인 것과 하나님의 성령이 너희 안에 거하시는 것을 알지 못하느뇨 누구든지 하나님의 성전을 더럽히면 하나님이 그 사람을 멸하시리라 하나님의 성전은 거룩하니 너희도 그러하니라
>
> 고린도전서 3장 16절~17절

> 하나님의 성전과 우상이 어찌 일치가 되리요 우리는 살아 계신 하나님의 성전이라 이와 같이 하나님께서 가라사대 내가 저희 가운데 거하며 두루 행하여 나는 저희 하나님이 되고 저희는 나의 백성이 되리라 하셨느니라
>
> 고린도전서 6장 16절

주님을 믿는 사람의 집은 하나님이 함께 하십니다. 주님을 믿는 사람의 집은 하나님의 영이신 성령이 계십니다. 믿음이 있는 이의 집은 성전이요 그리스도의 몸 된 교회입니다. 믿음이 있는 이의 집은 크고 화려하고 웅장한 건물이 아닙니다. 교회는 세상의 온갖 지식과 정보와 학문과 사상을 제공하고 교류하는 광장이 아닙니다. 교회는 온갖 문화행사와 인간적인 관계로 분주한 시장이 아닙니다. 우리의 집은 오직 말씀이 선포되고 기도하며 아버지 하나님께 예배드리는 곳입니다.

예수께서 대답하여 가라사대 너희가 이 성전을 헐라 내가 사흘 동안
에 일으키리라

요한복음 2장 19절

그의 안에서 건물마다 서로 연결하여 주 안에서 성전이 되어가고 너
희도 성령안에서 하나님의 거하실 처소가 되기 위하여 예수안에서
함께 지어져 가느니라

에베소서 2장 21절~22절

예수님의 집은 성전된 자기 육체입니다. 예수님의 집은 죽고 다시 사신
부활의 역사 현장입니다. 우리의 집은 하루하루 예수를 닮아가고 예수님
의 집을 닮아갑니다. 우리의 집에는 예수님과 하나님과 성령님이 함께 계
십니다. 우리의 집은 날로날로 새로워져 하늘 성전을 닮아 갑니다. 이 땅
에서 우리들의 집은 주님 오실 때까지 성령 안에서 하나 되어 계속 지어
져 갑니다.. 우리의 영원한 집은 하늘에 있는 내 아버지 집입니다.

내 아버지 집에 거할 곳이 많도다 그렇지 않으면 너희에게 일렀으리
라 내가 너희를 위하여 처소를 예비하러 가노니 가서 너희를 위하여
처소를 예비하면 내가 다시 와서 너희를 내게로 영접하여 나 있는 곳
에 너희도 있게 하리라 내가 가는 곳에 그 길을 너희가 알리라

요한복음 14장 2절~4절

우리의 구원

인간의 근원적 문제는 삶과 죽음의 문제입니다. 이 세상에 살아가는 모든 인간은 죽음에 이르기까지 삶의 문제 속에서 살아갑니다. 우리 인간은 살되 잘살기를 바라기에 삶의 여러 문제들을 위한 대안으로 해결하고자 합니다. 그러나 근원적 문제를 비롯한 모든 삶의 대안 앞에서 인간은 다시 고민에 빠지게 됩니다. 삶의 문제를 해결하려고 하면 할수록 그 문제에서 헤어나올 수 없기 때문입니다. 결국 인간은 존재와 부재 사이에서 방황하고 좌절하는 것입니다. 살아갈 시간이 아직 남아 있는 모든 사람들은 근원적 문제앞에 서 있는 것입니다. 인류를 향한 하나님의 말씀인 성경은 인간의 근원적으로 구원을 얻게 하는 은혜의 소식입니다.

하나님의 구원은 인간의 근원적 문제인 삶과 죽음과 그 이후의 전 과정을 통해 이루어집니다. 우리의 구원은 한번에 즉각적으로 이루어지는 것이 결코 아닙니다. 우리의 구원은 지속적으로 계속되어 왔고 현재도 진행중이며 미래에까지 나아갑니다. 현재 진행되는 구원은 우리의 인생과 함께 우리의 삶 속에서 계속적으로 이루어져 가는 것입니다.

> 그러므로 나의 사랑하는 자들아 너희가 나 있을 때뿐 아니라 더욱 지
> 금 나 없을 때에도 항상 복종하여 두렵고 떨림으로 너희 구원을 이루

라 너희 안에서 행하시는 이는 하나님이시니 자기의 기쁘신 뜻을 위하여 너희로 소원을 두고 행하게 하시나니 모든 일을 원망과 시비가 없이 하라 이는 너희가 흠이 없고 순전하여 어그러지고 거스르는 세대 가운데서 하나님의 흠 없는 자녀로 세상에서 그들 가운데 빛들로 나타내며 생명의 말씀을 밝혀 나의 달음질도 헛되지 아니하고 수고도 헛되지 아니함으로 그리스도의 날에 나로 자랑할 것이 있게 하려 함이라

빌립보서 2장 12절~16절

그러나 구원을 위한 끝없는 인간의 지혜와 능력은 오히려 슬픈 절망의 현실이 되는 것입니다. 인간의 근원적 문제인 구원은 사람이 아닌 하나님이 이루어 가시는 영역이기 때문입니다. 구원은 인간의 대안으로는 해결할 수 없는 오직 하나님의 은혜로 이루는 역사입니다. 구원은 우리의 생애 순간순간을 통해 하나님께서 끊임없이 이루어 가는 은혜입니다. 오늘의 우리의 구원은 내일의 구원으로 연결되며 심화되는 것입니다. 구원은 우리를 부르시고 인도하시는 하나님께 순종으로 나아가는 전 과정입니다.

따라서 구원을 향한 우리의 생애는 하나님 앞에 두렵고 떨림의 시간이요 삶입니다. 우리의 두려움과 떨림은 우리가 하나님 앞에 죄인임을 인정하는데서 오는 경외심 때문입니다. 우리의 두려움과 떨림은 하나님의 부재로는 아무것도 이룰 수 없다는 자각에서 오는 것입니다.

아들을 낳으리니 이름을 예수라 하라 이는 그가 자기백성을 저희 죄

에서 구원할 자이심이라 하니라

마태복음 1장 21절

그날들을 감하지 아니할 것이며 모든 육채가 구원을 얻지 못할 것이나 그러나 택하신 자들을 위하여 그날들을 감하시리라

마태복음 24장 22절

　우리는 일상의 삶에서 여러 가지 헤쳐 나가야 할 문제가 있습니다. 우리가 가지고 있는 문제는 개인적 차원과 국가적 차원을 넘어 전 인류에 이르는 것입니다. 우리는 먹고 입고 마시는 의식주 문제로부터 벗어나기를 바랍니다. 우리는 몸이 늙지 않고 병들지 않기를 바라며 병든 몸이 낫기를 바랍니다. 우리는 질병과 재난의 고통에서 벗어나기를 바라며 불행에서 행복하기를 바랍니다. 우리는 전쟁과 멸망에서 벗어나 자유와 평화와 번영을 바랍니다. 사람들이 원하고 바라는 구원은 한평생을 아무 근심 걱정 없이 누리며 잘살아가는 것입니다.

　그러나 애석하게도 사람들이 바라는 것은 진정한 구원이 아닌 육신을 위한 이기적 욕망입니다. 구원은 하늘로부터 오신 여호와 하나님이신 예수께서 이루십니다. 하나님의 구원은 자기 백성의 구원이요 죄로부터의 구원이요 죽음으로부터의 구원입니다. 하나님의 구원은 인간의 이기가 아닌 인간이 해결할 수 없는 궁극적인 문제의 해결입니다. 그것은 우리가 하나님의 자녀가 되는 것이요 하나님과의 관계를 다시 회복하는 것입니다. 하나님의 자녀로 죄와 사망으로부터 자유함을 얻어 영원한 생명의 삶을 사는 것입니다.

대저 하나님께로서 난 자마다 세상을 이기느니라 세상을 이긴 이김
은 이것이니 우리의 믿음이니라

요한일서 5장 4절

믿음의 결국 곧 영혼의 구원을 받음이라

베드로전서 1장 9절

우리의 구원은 우리의 근원적 문제인 삶과 죽음을 이기고 영원까지 이
르는 것입니다. 우리의 구원은 세상을 이기고 죽음을 이기는 그리스도를
믿는 믿음의 삶입니다. 우리의 구원은 하나님에 대한 순종과 의지하는 마
음으로 이루어져 가는 열매입니다. 우리의 현재적 구원은 영적 성숙을 통
하여 최종적 구원에 이르게 되는 영생입니다. 구원의 날까지 두려움과 떨
림으로 우리의 구원은 하루하루 하나님께 나아갑니다.

그러므로 너희 마음의 허리를 동이고 근신하여 예수 그리스도의 나
타나실 때에 너희에게 가져올 은혜를 온전히 바랄지어다

베드로전서 1장 13절

큰 기쁨의 좋은 소식

우리는 무언가를 기다리며 살아갑니다. 기다리는 삶은 또한 무엇을 기대하며 사는 것입니다. 우리는 오늘보다는 내일이 더 좋은 날 더 기쁜 날이기를 소망합니다. 우리가 기다리는 좋은 소식(Good News)은 우리를 기쁘게 할 것이기 때문입니다.

> 너희 조상 아브라함은 나의 때 볼 것을 즐거워하다가 보고 기뻐하였
> 느니라
>
> 요한복음 8장 56절

> … 시므온이 아기를 안고 하나님을 찬송하며… 내 눈이 주의 구원을
> 보았사오니 이는 만민 앞에 예비하신 것이요 이방을 비추는 빛이요
> 주의 백성 이스라엘의 영광이니이다
>
> 누가복음 2장 28절~32절 중

하나님의 선민 이스라엘 민족의 유일한 기다림은 오직 메시야였습니다. 믿음의 조상 아브라함에서 부터 모든 이스라엘의 경건한 자들은 메시야가 오기를 기다렸습니다. 메시야(Messiah)가 이스라엘을 구원하리라

기대하고 있었기 때문입니다.

> 그 지경에 목자들이 밖에서 밤에 자기 양 떼를 지키더니… 천사가 이
> 르되 무서워 말라 보라 내가 온 백성에게 미칠 큰 기쁨의 좋은 소식
> 을 너희에게 전하노라 오늘날 다윗의 동네에서 너희를 위하여 구주
> 가 나셨으니 곧 그리스도 주시니라
>
> 누가복음 2장 8절, 10절, 11절

이스라엘을 넘어 인류의 소망은 큰 기쁨의 좋은 소식인 복음(God News)입니다. 복음은 예수 그리스도를 통한 인류 구원의 크고도 기쁜 좋은 소식입니다. 하나님은 이스라엘의 구원을 넘어 온 인류의 구원을 원하십니다. 온 인류가 기다리는 소식은 오직 구원(Salvation)입니다. 우리 모두는 큰 기쁨의 좋은 소식을 기다리지만 아무에게나 임하지는 않는 것입니다. 세상에 임한 큰 기쁨의 좋은 소식은 이스라엘의 대제사장도 율법사도 아닌 목동이었습니다. 목동은 들에서 양 떼를 지키는 낮고 천한 기득권으로부터 소외된 사람입니다. 세상의 기득권자들은 가진 자요 누리는 자요 무리는 자들입니다.

세상 가운데는 시대시대마다 기득권자들과 그들로부터 소외된 자들이 있습니다. 세상은 힘 있는 자들이 힘없는 자들 위에 군림하는 밀림의 정글과도 같은 곳입니다. 하나님의 구원의 소식은 힘이 없고 보잘것없지만 외로이 생명을 지키는 자에게 임하는 것입니다. 이스라엘의 대제사장들은 하나님을 경배하고 섬기는 종교 지도자입니다. 이스라엘의 율법사는 하나님의 말씀을 연구하고 가르치는 선생입니다. 하지만 하나님은 그들

을 외면하고 양들의 생명을 지키는 목자를 선택한 것입니다. 하나님의 큰 기쁨의 좋은 소식은 위선과 교만이 철저히 배제되는 곳에 임하는 것입니다. 큰 기쁨의 좋은 소식되시는 주님은 약한 자를 들어서 강한 자를 부끄럽게 하시는 선한목자 되십니다.

> 형제들아 너희를 부르심을 보라 육체를 따라 지혜 있는 자가 많지 아니하며 능한 자가 많지 아니하며 문벌 좋은 자가 많지 아니하도다 그러나 하나님께서 세상의 미련한 것들을 택하사 지혜 있는 자들을 부끄럽게 하려 하시고 세상의 약한 것들을 택하사 강한 것들을 부끄럽게 하려 하시며 하나님께서 세상의 천한 것들과 멸시받는 것들과 없는 것들을 택하사 있는 것들을 폐하려 하시나니 이는 아무 육체라도 하나님 앞에서 자랑하지 못하게 하려 하심이라
>
> 고린도전서 1장 26절~29절

사람들은 자신과 타인의 실패와 성공을 비교하고 불행과 행복을 비교합니다. 사람들은 타인의 성공과 행복을 부러워하면서 자신을 비하하고 학대하고 좌절하기를 반복합니다. 그러나 하나님의 관심은 세상과 세상 사람이 아닌 세상 가운데 있는 하나님의 사람입니다. 하나님은 어두운 밤에도 자기 양 떼를 지키는 목동을 바라보십니다. 목자는 아무도 바라보지 않고 관심도 없는 힘없고 가진 것 없는 사람입니다. 하나님은 맡겨진 양들의 생명을 자신의 생명으로 지키는 목자와 같은 사람에게 찾아오시는 것입니다.

하나님은 어두운 절망 가운데 구원에 소망을 두고 살아가는 이 땅의 모

든 자들을 언제나 찾으시는 분이십니다. 우리에게는 또 한 번의 재림하실 주님과의 약속이 있습니다. 부활 승천하신 주님은 세상 마지막 날에 우리의 구원을 위해 다시 우리를 찾아오실 것입니다.

그 주인이 이르되 잘 하였도다 착하고 충성된 종아 네가 작은 일에 충성하였으매 내가 많은 것으로 네게 맡기리니 네 주인의 즐거움에 참예할지어다 하고

마태복음 25장 21절

그리고 맡은 자들에게 구할 것은 충성이니라

고린도전서 4장 2절

하늘에는 영광 땅에는 평화

오늘날 다윗의 동네에 너희를 위하여 구주가 나셨으니 곧 그리스도 주시니라 너희가 가서 강보에 싸여 구유에 누인 아기를 보리니 이것이 너희에게 표적이니라 하더니 홀연히 허다한 천군이 그 천사와 함께 있어 하나님을 찬송하여 가로되 지극히 높은 곳에서는 하나님께 영광이요 땅에서는 기뻐하심을 입은 사람들 중에 평화로다 하니라

누가복음 2장 11절~14절

땅의 역사는 혼돈과 무질서가 난무하는 역사입니다. 그럼에도 불구하고 인류는 끊임없이 안녕과 평화를 염원합니다. 평화는 평온하고 화목한 상태를 말하는 것입니. 땅의 역사에 평화는 그리스도가 오심으로 비로소 시작되었습니다. 평화는 땅의 역사에 하나님의 역사가 임하면서 시작하게 된 것입니다. 이 땅에 평화가 임하기전에 하늘에서부터 하나님의 이름은 영광을 받으셨습니다. 영광은 사람이 아닌 이 땅에 평화를 주시는 하나님의 이름만을 빛내는 것입니다.

그러므로 내 백성은 내 이름을 알리라 그러므로 그날에는 그들이 이

> 말을 하는 자가 나인 줄 알리라 곧 내니라 좋은 소식을 가져오며 평화를 공포하며 복된 좋은 소식을 가져오며 구원을 공포하며 시온을 향하여 이르기를 네 하나님이 통치하신다 하는 자의 산을 넘는 발이 어찌 그리 아름다운고
>
> 이사야 52장 6절, 7절

하나님은 그리스도가 오시기 700년 전에 이사야 선지자를 통해 이 땅에 평화를 선포하셨습니다. 땅에서의 평화는 소음과 동요와 불화가 없는 상태를 말합니다. 땅에서의 평화는 반목과 전쟁이 멈추어 있는 상태를 말합니다. 그러나 하나님이 주시는 평화는 이스라엘의 해방을 넘어 전 인류의 영혼을 향하는 평화입니다. 하나님의 평화는 그리스도가 가져온 평화요 죄로부터 구원받는 영원한 영적평화입니다.

> 말씀이 육신이 되어 우리 가운데 거하시매 우리가 그 영광을 보니 아버지의 독생자의 영광이요 은혜와 진리가 충만하더라
>
> 요한복음 1장 14절

> 하나님의 약속은 얼마든지 그리스도 안에서 예가 되니 그런즉 그로 말미암아 우리가 아멘하여 하나님께 영광을 돌리게 되느니라
>
> 고린도후서 1장 20절

그리스도가 오시기까지 인류는 하늘이 주는 평화를 알지 못했습니다. 그리스도가 오심으로 인류 가운데 참으로 기뻐하는 자들이 있게 된 것입

니다. 그러기에 땅에서 평화가 있는 사람들은 하나님의 은혜를 입은 자들입니다. 은혜받은 자들은 하나님의 사랑과 공의가 이 땅에 실현되기를 바라는 자입니다. 평화를 얻은 자들은 사람을 구원하시려는 하나님의 뜻이 이뤄지기를 바라는 자들입니다. 그러므로 땅에서 하나님의 은혜 입은 자들은 천군천사와 함께 하나님께 영광을 돌리는 것입니다.

영광은 사람이 아닌 하나님의 이름을 높이는 것입니다. 영광은 그리스도로 말미암아 이 땅에 구원 얻은 자들이 온 마음으로 하나님께 돌리는 감사입니다. 하나님께 돌리는 영광은 우리의 이름을 그리스도의 이름으로 드리는 것이 아니라 하나님의 이름을 그리스도의 이름으로 드리는 것입니다. 하나님께 영광을 돌리는 자는 이 땅에서 진정으로 평화를 얻은 자입니다. 세상에서 우리에게 임한 영혼의 평화는 그리스도가 아니면 줄 수도 이룰 수도 없는 것입니다.

그는 우리의 화평이신지라 둘로 하나를 만드사 중간에 막힌 담을 허시고 원수된 것 곧 의문에 속한 계명의 율법을 자기 육체로 폐하셨으니 이는 이 둘로 자기의 안에서 한 새 사람을 지어 화평하게 하시고 또 십자가로 이 둘을 한 몸으로 하나님과 화목하게 하려 하심이라 원수된 것을 십자가로 소멸하시고 또 오셔서 먼 데 있는 너희에게 평안을 전하셨으니

에베소서 2장 14절~17절

평안을 너희에게 끼치노니 곧 나의 평안을 너희에게 주노라 내가 너희에게 주는 것은 세상이 주는 것 같지 아니 하니라 너희는 마음에

근심도 말고 두려워하지도 말라

요한복음 14장 27절

　세상이 말하는 평화는 정치적이고 경제적이고 군사적인 불완전한 평화입니다. 세상이 말하는 평화는 사람과 사람간의 이해타산적인 관계의 소통입니다. 하늘이 주시는 평화는 하나님과 사람의 관계가 본질적으로 회복되는 것입니다. 이를 위해 그리스도는 하나님과 우리사이에 놓인 죄의 사슬을 벗겨 주시기 위해 오신 것입니다. 평화는 우리를 위한 하나님의 선물이요 그것은 그리스도의 오심입니다. 진정한 평화는 하나님을 사랑하고 주님을 믿는 자들의 심령 안에 있습니다. 그러기에 하늘의 평화를 얻은 자들은 하나님께 영광을 돌리는 것입니다.

　그런즉 너희가 먹든지 마시든지 무엇을 하든지 다 하나님의 영광을 위하여 하라

고린도전서 10장 31절

주님이 오신 까닭

사람들은 이해관계에 민감하게 반응하며 실리를 중시합니다. 사람들은 자기유익에는 유관하고 남의 유익에는 무관합니다. 사람들은 언행의 동기와 목적에 있어서 일관성이 결여되어 있습니다. 많은 사람들은 순수성을 상실한 목적 있는 배려를 할 뿐 하나님 앞에 자신의 뜻은 굽히지 않습니다.

> 기록된 바 보라 내가 내 사자를 네 앞에 보내노니 그가 네 앞에서 네 길을 예비하리라 한 것이 이 사람에 대한 말씀이라 내가 너희에게 말하노니 여자가 낳은 자 중에 요한보다 큰 이가 없도다 그러나 하나님의 나라에서는 극히 작은 자라도 저보다 크니라 하시니 모든 백성과 세리들은 이미 요한의 침례를 받은지라 이 말씀을 듣고 하나님을 의롭다하되 오직 바리새인과 율법사들은 그 세례를 받지 아니한지라 스스로 하나님의 뜻을 저버리니라
>
> **누가복음 7장 29절~30절**

바리새인과 율법사들은 자기 대신 남을 먼저 판단하고 비판하기를 즐거워했습니다. 이 사람들의 이기심과 편협심은 자기중심적인 삶의 태도

에서 기인한 것입니다. 이 사람들은 오래 전부터 주님이 오신다는 선지자의 예언을 알고 있었던 자들입니다. 이 사람들은 누구보다도 하나님을 잘 알고 있다는 종교 지도자들이요 선생들입니다. 그러나 이 사람들은 정작 누구보다도 그리스도의 오신 까닭을 잘 알지 못한 사람입니다. 이러한 사람들은 오늘날에도 종교의 탈을 쓰고 우리 가운데 함께 있습니다.

> 또 가라사대 이 세대의 사람을 무엇으로 비유할꼬 무엇과 같은고 비유컨대 아이들이 장터에 앉아 서로 불러 가로되 우리가 너희를 향하여 피리를 불어도 너희가 춤추지 않고 우리가 애곡을 하여도 너희가 울지 아니하였다 함과 같도다
>
> 누가복음 7장 31절~32절

이 세대의 사람들은 자기의 목적을 위해 남을 수단화합니다. 사람들의 우유부단과 완악은 무관심과 무반응을 낳습니다. 이 세대의 사람들은 자기만족을 위해서만 반사적으로 반응합니다. 세상의 많은 사람들은 구원의 소식보다 세상일에 더 관심을 두는 것입니다. 따라서 사람들은 세상과 인간이 만든 종교에 더 귀 기울이는 것입니다. 사람이 만든 종교에는 신정 사람을 위한 구원이 없습니다. 분명한 것은 모든 사람들은 구원을 얻는 그리스도의 사람이거나 종교인들입니다.

> 요한이 보낸 자가 떠난 후에 예수께서 무리에게 요한에 대해서 말씀하시되 너희가 무엇을 보려고 광야에 나갔더냐 바람에 흔들리는 갈대냐 그러면 너희가 무엇을 보려고 나갔더냐 부드러운 옷 입은 사람

이냐 보라 화려한 옷 입고 사치하게 지내는 자는 왕궁에 있느니라

누가복음 7장 24절~25절

우리는 육신의 정욕을 채우고자 합니다. 우리는 눈에 보이고 귀에 들리는 것에 민감합니다. 우리는 구차함보다 화려함을 좋아합니다. 우리는 약한 자보다 강한 자를 선호합니다. 우리는 세상에서 가진 자 된 자 난 자 되기 원합니다. 우리는 자기만족을 위해 살아갑니다. 우리는 바리새인이요 율법사요 이 세대의 사람입니다. 우리가 세상을 좇으면 종교인이요 하나님을 좇으면 그리스도인 입니다. 주님이 오신 것은 우리가 그리스도의 것이 되어 하나님과 함께 하기 위함입니다.

너희 중에는 그렇지 아니하니 너희 중에 누구든지 크고자 하는 자는 너희를 섬기는 자가되고 너희 중에 누구든지 으뜸이 되고자 하는 자는 너희 종이 되어야 하리라 인자가 온 것은 섬김을 받으려함이 아니라 도리어 섬기려하고 자기 목숨을 많은 사람의 대속물로 주려 함이니라

마태복음 20장 26절~28절

사막이 백합화같이

세상은 힘 있는 열강들에 의해 반복되는 패권의 역사입니다. 세상은 강한 자가 약한 자를 지배하는 기득권이 실현되는 현장입니다. 세상을 황무한 광야요 뜨거운 사막입니다. 인류가 생명 없는 거친 땅에 살아가는 것은 하나님을 떠난 교만의 결과입니다.

열국이여 너희는 나아와 들을지어다 민족들이여 귀를 기울일지어다
땅과 땅에 충만한 것 세계와 세계에서 나는 모든 것이여 들을지어다
이사야 34장 1절

성경은 반드시 회복될 하나님의 예언입니다. 성경은 인간의 역사가 결국 하나님의 구원으로 회복된다는 역사입니다. 회복은 인간이 원태의 본모습으로 되돌아가는 것을 말합니다. 성경은 타락한 인간이 하나님의 형상으로 회복되는 구원에 대한 기록입니다. 하나님의 구원은 인간역사 끝에 올 최종적 은혜입니다. 오늘 우리는 세상의 역사와 하나님의 구원사 속에 존재합니다. 오늘 우리는 황무한 땅이 낙원의 땅으로 회복되기를 소원합니다. 오늘 우리는 거친 땅이 기름진 땅으로 회복되기를 소원합니다. 우리는 사막의 메마른 바람이 백합꽃 향기로 회복되기를 소원합니다.

광야의 메마른 땅이 기뻐하며 사막이 백합화같이 피어 즐거워하며
무성하게 피어 기쁜 노래로 즐거워하며 레바논의 영광과 갈멜과 사
론의 아름다움을 얻을 것이라 그것들이 여호와의 영광 곧 우리 하나
님의 아름다움을 보리로다

이사야 35장 1절~2절

하나님은 우주와 만물과 사람을 창조하신 스스로 존재하시는 분입니
다. 인류의 황무한 땅은 하나님이 세우신 에덴을 벗어나면서 시작된 것입
니다. 하나님의 에덴은 모든 생물이 함께 살아가는 생명의 낙원입니다.
에덴은 모든 생물과 인간의 경계가 없는 공존의 낙원입니다. 에덴은 하나
님의 질서와 화합이 있는 평화의 낙원입니다. 그러나 인류는 에덴의 경계
를 넘어 세상을 선택한 것입니다.

그때에 너희가 그 가운데서 행하여 이 세상 풍속을 좇고 공중의 권세
잡은 자를 따랐으니 곧 지금 불순종의 아들들 가운데서 역사하는 영
이라

에베소서 2장 2절

세상은 하나님을 대적하는 사단이 지배하는 곳입니다. 그러기에 세상
은 범죄로 인한 저주로 땅속에 불이 들끓고 땅위에 가시덤불과 엉겅퀴가
가득합니다. 세상은 인간과 모든 생물의 공존이 무너져 경계와 경계로 서
로가 서로를 두려워합니다. 세상은 황량한 들판이요 메마른 사막입니다.
세상은 생존을 위한 현장이요 숨 가쁜 막장입니다. 사람이 하나님 없이

사는 것은 사단이 원하는 세상입니다.

> 소경이 보며 앉은뱅이가 걸으며 문둥이가 깨끗함을 받으며 귀머거
> 리가 들으며 죽은 자가 살아나며 가난한 자에게 복음이 전파된다 하
> 라 누구든지 나를 인하여 실족하지 아니하는 자는 복이 있도다 하시
> 니라
>
> 마태복음 11장 5절, 6절

회복될 에덴은 본래 세상에는 없던 것입니다. 회복될 에덴은 우리 인간을 향한 하나님의 위로요 약속입니다. 에덴의 회복은 하나님의 역사로만 가능합니다. 사막이 백합화로 넘치는 것은 인간의 힘으로는 불가합니다. 구원은 인간과 함께 우주 만물의 회복을 동시에 가져옵니다.

구원은 우리 인간의 죄로 인해 단절된 하나님과의 관계를 회복하는 것입니다. 우리의 회복은 세상을 이기고 하나님이 계시는 에덴으로 들어가는 것입니다. 우리가 기다리는 회복의 역사는 사막이 백합화로 변화되는 것입니다. 우리가 하나 되어 생명 가득한 향기 맡으며 주님과 함께 걷는 것입니다.

> 이것을 너희에게 이름은 너희로 내안에서 평안을 누리게 하려함이
> 라 세상에서는 너희가 환난을 당하나 담대하라 내가 세상을 이기었
> 노라 하시니라
>
> 요한복음 16장 33절

그리스도의 향기

봄날에는 수없이 많은 꽃들이 제각각의 모양과 색과 향기로 피어납니다. 꽃향기 봄바람에 날릴 때 벌과 나비는 분주하게 꽃을 찾아 날아댑니다. 꽃피는 계절이면 사람들의 모습도 꽃처럼 벌나비처럼 밝고 활기찹니다. 꽃향기 가득한 계절은 생명이 약동하는 계절입니다. 하지만 우리는 꽃향기만 맡고 사는 것은 결코 아닙니다. 세상에는 생명의 향기도 있지만 사망의 악취도 있기 때문입니다. 세상에는 생명을 살리는 향기도 있지만 생명을 죽이는 악취도 있습니다. 우리 삶의 현장은 언제나 삶과 죽음의 냄새가 혼재합니다.

> 나무는 각각 그 열매로 아나니 가시나무에서 무화과를 또는 찔레에서 포도를 따지 못하느니라 선한 사람은 마음의 쌓은 선에서 선을 내고 악한 자는 그 쌓은 악에서 악을 내나니 이는 마음의 가득한 것을 입으로 말함이니라
>
> 누가복음 6장 44절~45절

꽃향기 날리는 봄날마저도 삶과 죽음은 세상에 공존합니다. 우리가 걸어온 길고 긴 시간은 수많은 생명들의 삶과 죽음의 시간입니다. 우리에게

서 나오는 말과 행동은 자신과 이웃을 살리고 죽이는 향기이거나 악취입니다.

> 또 가라사대 사람에게서 나오는 그것이 사람을 더럽게 하느니라 속에서 곧 사람의 마음에서 나오는 것은 악한 생각 곧 음란과 도적질과 살인과 간음과 탐욕과 악독과 속임과 음탕과 흘기는 눈과 훼방과 교만과 광패니 이 모든 악한 것이 다 속에서 나와서 사람을 더럽게 하느니라
>
> 마가복음 7장 20절~23절

우리는 사람을 살리는 향기가 아니면 사람을 죽이는 악취 중 하나입니다. 사람을 살리는 생명의 향기는 선이요 사람을 죽이는 사망의 악취는 악입니다. 우리의 생활에서 나오는 모든 표현은 마음속에서 부터 오는 것입니다. 우리의 선한 것과 악한 것은 우리 삶의 냄새입니다. 우리가 향기로운 냄새인 것은 우리가 생명을 살리는 삶을 살아온 결과입니다. 우리가 향기로운 냄새인 것은 우리를 생명의 주인이신 하나님께 드려야 하기 때문입니다.

> 항상 우리를 그리스도 안에서 이기게 하시고 우리를 말미암아 각처에서 그리스도를 아는 냄새를 나타내시는 하나님께 감사하노라 우리는 구원 얻는 자들에게나 망하는 자들에게나 하나님 앞에서 그리스도의 향기니 이 사람에게는 사망으로 좇아 사망에 이르는 냄새요 저 사람에게는 생명으로 좇아 생명에 이르는 냄새라 누가 이것을 감

당하리요 우리는 수다한 사람과 같이 하나님의 말씀을 혼잡하게 하
지 아니하고 곧 순전함으로 하나님께 받은 것같이 하나님 앞에서와
그리스도 안에서 말하노라

고린도후서 2장 14절~19절

우리가 하나님께 나아갈 수 있는 것은 우리는 하나님이 기뻐하시는 향
기이기 때문입니다. 우리에게서 나는 사망의 악취가 생명의 향기된 것은
그리스도의 속죄적 희생 때문입니다. 그리스도의 죽으심은 우리를 생명
으로 살리시는 향기입니다. 우리는 그리스도의 향기로 더 이상 악취를 내
는 자가 아니요 향기를 내는 자가 된 것입니다. 하나님께 나아가는 우리
의 기도는 그리스도를 믿음으로 살아가는 생명의 향기입니다. 그리스도
의 향기는 생명을 살리는 복음입니다. 우리가 복음을 위해서 살고 전할
때 우리는 그리스도의 향기입니다.

그리스도께서 너희를 사랑하신 것같이 너희도 사랑 가운데서 행하
라 그는 우리를 위하여 자신을 버리사 향기로운 제물로 생축으로 하
나님께 드리셨느니라

에베소서 5장 2절

향연이 성도의 기도와 함께 천사의 손으로부터 하나님 앞으로 올라
가는지라

요한계시록 8장 4절

우리에게서 나오는 향기는 우리의 성품이요 양심이요 삶입니다. 세상의 봄날에도 사망의 악취가 있으나 우리는 그 가운데 그리스도의 향기입니다. 우리로부터 나오는 향기는 하나님과 그리스도로부터 오는 영혼을 살리는 사랑입니다. 우리로부터 나오는 향기는 예수의 마음이요 구원의 복된 소식입니다. 우리가 전하는 그리스도께 받은 향기는 곧 생명을 살리는 복음입니다.

너희 안에 이 마음을 품으라 곧 예수의 마음이니

빌립보서 2장 5절

마른 뼈에 생기가

하나님의 자기백성을 이끄시는 손길을 우리는 격동하는 역사 속에서도 찾아볼 수 있습니다. 솔로몬의 죄악으로 이스라엘 열두지파는 북이스라엘 열지파와 남유다 두 지파로 나누어지게 됩니다. 남북으로 분단된 이스라엘은 결국 앗수르와 바벨론에 멸망합니다. 바벨론의 포로 된 남유다 백성에게 하나님은 에스겔을 세워 이스라엘로 하여금 구원을 소망케 합니다.

> 여호와께서 권능으로 내게 임하시고 그 신으로 나를 데리고 가서 골짜기 가운데 두셨는데 거기 뼈가 가득하더라 나를 그 뼈 사방으로 지나게 하시기로 본즉 그 골짜기 지면에 뼈가 심히 많고 아주 말랐더라 그가 내게 이르시되 인자야 이 뼈들이 능히 살겠느냐 하시기로 내가 대답하되 주 여호와여 주께서 아시나이다 또 내게 이르시되 너는 이 모든 뼈에게 대언하여 이르기를 너희 마른 뼈들아 여호와의 말씀을 들을지어다
>
> 에스겔 37장 1절~4절

오늘 있다가 내일 아궁이에 던지우는 들풀도 하나님이 이렇게 입히

시거든 하물며 너희일까 보냐 믿음이 적은 자들아

마태복음 6장 30절

바벨론에 포로 된 이스라엘의 소망은 고국 땅 예루살렘으로 돌아가는 것입니다. 나라는 멸망당하고 몸은 포로로 끌려온 이스라엘에게 내일은 전혀 없었습니다. 마른 뼈는 더 이상 회생이 불가능한 생명 없는 이스라엘의 참모습인 것입니다.

오늘 우리들 가운데 있는 마른 뼈는 세상에 휘둘리고 포로 된 방황하는 영혼입니다. 방황하는 영혼은 오직 육신을 위해 먹고 사는 것으로 염려하는 살아 있으나 죽은 자입니다. 그럼에도 불구하고 하나님은 오직 우리 영혼을 살리시는 구세주이십니다.

주 여호와께서 이 뼈들에게 말씀하시기를 내가 생기(生氣)로 너희에게 들어가게 하리니 너희가 살리라 너희 위에 힘줄을 두고 살을 입히고 가죽으로 덮고 너희 속에 생기를 두리니 너희가 살리라 또 나를 여호와인 줄 알리라 하셨다하라

에스겔 37장 5절~6절

여호와 하나님이 흙으로 사람을 지으시고 생기를 그 코에 불어 넣으시니 사람이 생령이 된지라

창세기 2장 7절

포로 된 이스라엘은 사망 상태에 놓인 생기 없는 마른 뼈입니다. 하나님

을 떠난 자는 영혼의 샘물이 말라 버린 죽은 영혼입니다. 우리가 믿음에서 떠나면 우리의 내일은 소망 없는 절망의 삶인 것입니다. 믿음이 없는 자나 믿음이 적은 자는 하나님의 권능을 부인하는 자와 같습니다.

우리가 영적인 생명을 잃고 육적인 생명으로 살아간다면 우리는 곧 마른 뼈입니다. 그러나 생명 없는 영혼에 하나님의 권능이 임할 때 우리는 다시 새 생명으로 소생합니다. 새 생명은 새로운 육신이요 새로운 마음이요 새로운 영혼입니다.

> 맑은 물로 너희에게 뿌려서 너희로 정결케 하되 곧 너희 모든 더러운 것에서와 모든 우상을 섬김에서 너희를 정결케 할 것이며 또 새 영을 너희 속에 두고 새 마음을 너희에게 주되 너희 육신에서 굳은 마음을 제하고 부드러운 마음을 줄 것이며 또 내 신을 너희 속에 두어 너희로 내 율례를 행하게 하리니 너희가 내 규례를 지켜 행할지라
>
> 에스겔 36장 25절~27절

> 너희를 먼저 그의 나라와 그의 의를 구하라 그리하면 이 모든 것을 너희에게 더하시리라 그러므로 내일 일을 위하여 염려하지 말라 내일 일은 내일 염려할 것이요 한 날 괴로움은 그날에 족하니라
>
> 마태복음 6장 33절~34절

마른 뼈에 생기가 붙고 죽은 자가 살아나는 것은 전적인 하나님의 권능의 역사입니다. 생기 있는 뼈들은 어떤 현실에서도 무기력하지 않고 절망하지 않는 소망을 기다리는 자들입니다. 하나님의 생기 붙은 뼈는 사망가

운데 생명의 삶을 사는 영적 이스라엘입니다. 세상에서 소망 있는 자들은 하나님의 영으로 사는 자들입니다. 바벨론의 포로 된 이스라엘은 자신의 고국 예루살렘을 절망 중에도 소망합니다.

세상 가운데 성도는 하나님 나라를 소망하며 오실 주님을 기다리며 살아가는 자입니다. 하나님은 자기 백성을 친히 지키시고 보호하시고 인도하십니다. 우리는 하나님의 말씀과 기도로 구원의 역사를 섭리로 이끄시는 하나님을 바라보아야 합니다.

이제는 우리 구주 그리스도 예수의 나타나심으로 말미암아 나타났으니 저는 사망을 폐하시고 복음으로써 생명과 썩지 아니할 것을 드러내신지라

디모데후서 1장 10절

아들이 있는 자에게는 생명이 있고 하나님의 아들이 없는 자에게는 생명이 없느니라

요한일서 5장 12절

하늘로부터 임하는 생명의 기운이 오늘을 사는 우리의 마른영혼을 새롭게 합니다.

우리를 자유케 하는 것

모든 사람들이 진정 염원하며 실현하고자 하는 것들 중의 하나가 자유입니다. 그러나 우리의 모습은 항상 숨 가쁘게 분주하고 쫓기며 허우적거리는 구속된 삶입니다. 우리의 몸과 맘은 시시각각 의지적 인식을 벗어나 거대한 블랙홀 속으로 빨려갑니다. 정작 우리의 모습은 육체적 정신적 영적에 이르기까지 지치고 방황하며 탄식합니다. 우리의 실상은 우리가 원하는 바람을 등지고 욕망의 긴 터널을 향해 걸어갑니다.

그러기에 모든 사람이 원하지만 아무나 가질 수 없는 것이 자유입니다. 자유는 나의 나됨을 그대로 받아들일 때 오는 것입니다. 자유는 나의 안과 밖이 갈등이 없는 평정의 상태입니다. 자유는 나를 부인하고 주님을 찾을 때에 오는 것입니다. 우리가 원하고 바라는 영원한 자유는 하나님께서 주셔야 누리는 것입니다. 모든 사람 가운데 우리는 자유한 자 아니면 포로된 자입니다.

주 여호와의 신이 내게 임하셨으니 이는 여호와께서 내게 기름을 부으사 가난한 자에게 아름다운 소식을 전하게 하려 하심이라 나를 보내사 마음이 상한 자를 고치며 포로된 자에게 자유를 갇힌 자에게 놓임을 전파하며

이사야 61장 1절

그 바라는 것은 피조물도 썩어짐의 종노릇 한 데서 해방되어 하나님
의 자녀들의 영광의 자유에 이르는 것이니라 피조물이 다 이제까지
함께 탄식하며 함께 고통하는 것을 우리가 아나니

로마서 8장 21절, 22절

자유하지 못한 자는 매인 자요 눌린 자요 갇힌 자요 종된 자요 포로 된
자입니다. 우리의 포로 된 삶은 우리가 하나님의 종이 아닌 죄의 종이기
때문입니다. 죄인은 결코 자유함을 누릴 수 없습니다. 자유는 죄와 사망
과 함께 공존할 수 없기 때문입니다. 죄의 해결은 죄 있는 인간으로는 결
코 해결할 수 없는 것입니다. 포로 된 자에게 자유함은 죄 없는 자만이 줄
수 있는 것입니다.

우리를 자유케 하는 자는 죄가 전혀 없으신 예수 그리스도뿐이십니다.
그러나 우리는 아직 세상에게 그리스도로 인한 영광의 자유를 기다립니
다. 우리가 그토록 간절하게 기다리는 영광의 자유는 구원입니다.

율법은 모세로 말미암아 주신 것이요 은혜와 진리는 예수 그리스도
로 말미암이 온 것이리

요한복음 1장 17절

진리(眞理)를 알지니 진리가 너희를 자유(自由)케 하리라

요한복음 8장 32절

예수께서 가라사대 내가 곧 길이요 생명이니 나로 말미암지 않고는

아버지께로 올 자가 없느니라

요한복음 14장 6절

주는 영이시니 주의 영이 계신 곳에는 자유함이 있느니라

고린도후서 3장 17절

율법은 우리가 지켜야 할 하나님의 말씀입니다. 우리는 하나님이 요구하시는 율법의 수준에 결코 이를 수 없습니다. 하나님의 율법은 우리의 죄 있음을 깨닫게 하시고 우리가 죄인임을 시인하게 합니다. 결국 율법은 우리를 그리스도께 인도하고 이를 이루시는 분은 하나님이십니다. 우리의 자유는 율법으로부터 해방이요 죄와 사망으로부터의 자유입니다. 우리는 율법이 아닌 진리로 자유한 자가 되는 것입니다. 진리는 여기 있다 저기 있다 말하는 자들의 것이 아니요 그리스도로부터만 오는 것입니다. 진리는 하나요 하나님도 한분이요 포로 된 우리를 자유케 하시는 분도 한분입니다.

내가 아버지께로서 너희에게 보낼 보혜사 곧 아버지께로서 나오시는 진리의 성령이 오실 때에 그가 나를 증거하실 것이요

요한복음 15장 26절

이는 그리스도 예수 안에 있는 생명의 성령의 법이 죄와 사망의 법에서 너를 해방하였음이라

로마서 8장 2절

포로 된 자의 육체는 정욕으로 가득하고 정신은 혼미하며 영은 죄악에 붙잡혀 있습니다. 모든 이들의 원함은 자유한 자이나 실상은 갇힌 자입니다. 우리의 삶은 걱정과 근심과 염려로 날마다 요동칩니다. 자유한 자의 삶은 진리이신 그리스도의 영이 인도합니다. 성령이 율법으로 말미암는 죄와 사망에서 사단의 권세와 심판에서 우리를 자유케 하는 것입니다. 우리 모두가 진리 안에 있으면 우리는 이미 자유한 자입니다.

형제들아 너희가 자유를 위하여 부르심을 입었으나 그러나 그 자유로 육체의 기회를 삼지 말고 오직 사랑으로 서로 종노릇하라

갈라디아서 5장 13절

임마누엘(Immanuel)의 삶

우리들은 저마다 바라는 바 소망이 있습니다. 오늘의 고통을 감내하는 것은 내일의 기대함이 있기 때문입니다. 변함없는 우리들의 소망에 대한 간절함은 많은 시간이 흘러도 끝이 없습니다. 우리 인간의 바람처럼 하나님도 원하시는 것이 있습니다. 그것은 오직 인류의 구원입니다.

하나님은 온 인류가 세상이 다하기까지 구원받기를 간절히 원하십니다. 하나님은 인간을 구원하시기 위해 구원할 자 예수 그리스도를 이 땅에 보내셨습니다. 하나님은 그리스도가 다시 오기까지 성령을 세상에 보내셨습니다.

> 그러므로 주께서 친히 징조로 너희에게 주실 것이라 보라 처녀가 잉태하여 아들을 낳을 것이요 그 이름을 임마누엘이라 하리라
>
> 이사야 7장 14절

> 아들을 낳으리니 이름을 예수라 하라 이는 그가 자기백성을 저희 죄에서 구원할 자이심이라 하니라
> 보라 처녀가 잉태하여 아들을 낳을 것이요 그의 이름은 임마누엘이라 하리라 하셨으니 이를 번역한즉 하나님이 우리와 함께 계시다

함이라

마태복음 1장 21절, 23절

　하나님 없이 우리는 빛이 없는 어둠속에서는 한 발짝도 움직일 수 없습니다. 하나님은 갈 길 잃고 방황하는 우리 영혼들에게 환한 빛을 밝히셨습니다. 임마누엘은 어둠 가운데 있는 인류에게 빛으로 오셔서 함께하시는 하나님이십니다.

　내가 너희에게 분부한 모든 것을 가르쳐 지키게 하라 볼지어다 내가
　세상 끝 날까지 너희와 항상 함께 있으리라 하시니라

마태복음 28장 20절

　세상은 언제나 하나님을 대적하며 존재합니다. 우리를 둘러싸고 있는 세상은 강력한 힘이 있습니다. 그 힘은 우리의 삶 전 영역에서 블랙홀과 같이 존재합니다. 우리에게 임마누엘이 절대적으로 요구되는 절실한 이유입니다. 하나님이 함께하지 않는 우리의 삶이란 풍전등화와도 같기 때문입니다.

　하나님이 세상을 이처럼 사랑하사 독생자를 주셨으니 이는 저를 믿
　는 자마다 멸망치 않고 영생을 얻게 하려 하심이니라

요한복음 3장 16절

　하나님은 세상 가운데 예수 그리스도를 믿는 자들과 언제나 함께 하실

것을 약속합니다. 우리를 사랑하시는 하나님은 우리가 영생을 얻기까지 언제나 함께하시는 분이십니다. 하나님이 우리를 사랑하시고 우리가 하나님을 사랑하는 것은 참으로 놀라운 일입니다. 하나님의 사랑은 우리에게 세상을 살아가는 힘이요 능력이기 때문입니다. 사랑이신 하나님이 우리에게 찾아오신 것이 곧 임마누엘입니다.

> 하나님이 이르시되 그가 나를 사랑한즉 내가 그를 건지리라 그가 내 이름을 안즉 내가 그를 높이리라
>
> 시편 91편 14절

> 내가 여호와를 항상 내 앞에 모심이여 그가 나의 오른쪽에 계시므로 내가 흔들리지 아니 하리로다
>
> 시편 16편 8절

> 말씀이 육신이 되어 우리 가운데 거하시매 우리가 그 영광을 보니 아버지의 독생자의 영광이요 은혜와 진리가 충만하더라
>
> 요한복음 1장 14절

임마누엘(Immanuel)은 우리의 하나님이시요 하나님의 아들이십니다. 임마누엘은 말씀이 육신이 되어 이 땅에 오신 예수 그리스도입니다. 임마누엘의 삶은 세상으로부터 더 이상 휘둘려지지 않는 이기는 삶입니다. 임마누엘로 말미암아 우리는 비로소 세상을 이기고 구원에 대한 확신과 소망을 얻게 되는 것입니다.

우리가 아직 죄인 되었을 때에 그리스도께서 우리를 위하여 죽으심으로 하나님께서 우리에게 대한 자기의 사랑을 확증하셨느니라 그러면 이제 우리가 그 피를 인하여 의롭다 하심을 얻었은즉 더욱 그로 말미암아 진노하심에서 구원을 얻을 것이니 곧 우리가 원수 되었을 때에 그 아들의 죽으심으로 더불어 화목 되었은즉 화목 된 자로서는 더욱 그의 살으심을 인하여 구원을 얻을 것이니라

로마서 5장 8절~10절

믿는 것과 구하는 것

세상 만물은 어느 것 하나도 예외 없이 자기가 맡은 역할이 주어져 있습니다. 해와 달과 별은 하늘에서 사람들에게 시간의 흐름을 알게 합니다. 풀과 꽃과 나무는 땅에서 사람들에게 풍요의 터전을 제공합니다. 새는 하늘을 날고 물고기는 물속을 유영하는 각자의 일이 있는 것입니다.

사람은 만물을 다스리며 만물을 맡기신 하나님을 찬양하며 살아가야 하는 것입니다. 보이는 것과 보이지 않는 우주의 모든 만물들은 하나님의 피조물임을 스스로 증거하는 것입니다. 이렇듯 만물의 창조와 창조질서는 사람을 위한 창조주 하나님의 뜻입니다.

> 하나님이 자기형상 곧 하나님의 형상대로 사람을 창조하시되 남자와 여자를 창조하시고 하나님이 그들에게 복을 주시며 그들에게 이르시되 생육하고 번성하여 땅에 충만하라 땅을 정복하라 바다의 고기와 공중의 새와 땅에 움직이는 모든 생물을 다스리라 하시니라
>
> 창세기 1장 27절

하나님은 혼돈의 하나님이 아니요 질서의 하나님입니다. 모든 만물 안에는 하나님이 부여한 존재의 이유와 목적이 담겨 있습니다. 하나님의 창

조 질서는 모든 만물이 존재해야 하는 위치와 맡겨진 소임이 있습니다. 인류의 타락은 하나님의 창조 질서를 거부하고 혼잡케 하면서 시작된 것입니다. 인류의 타락이란 하나님이 정한 위치를 벗어나 자신의 역할을 유기한 데서 비롯합니다. 하나님의 창조 질서는 만물의 영원한 생명의 질서입니다. 생명의 질서가 없는 곳에는 사망과 혼돈만이 난무합니다. 하나님을 떠난 인류는 무질서와 혼돈의 세상입니다.

> 멀리서 잎사귀 있는 한 무화과나무를 보시고 혹 그 나무에 무엇이 있을까 하여 가셨더니 가서 보신 즉 잎사귀 외에 아무것도 없더라 이는 무화과의 때가 아님이라 예수께서 나무에게 일러 가라사대 이제부터 영원토록 사람이 네게서 열매를 따먹지 못하리라 하시니 제자들이 이를 듣더라
>
> **마가복음 11장 13절, 14절**

만물 가운데 피조된 사람은 사람으로서 합당한 삶의 모습과 역할이 있습니다. 한 나라의 지도자는 국가와 국민을 위해 헌신해야 합니다. 한 가정의 부모는 온 가족을 돌보고 살펴야 합니다. 예수의 제자 된 자들은 사람들의 영혼 구원을 위해 복음으로 힘써 일해야 합니다.

이스라엘은 하나님의 절대 주권적인 은혜로 선택된 민족이요 하나님의 백성입니다. 그러나 이스라엘은 종교의식과 화려한 외형적인 형식만 무성한 열매 없는 무화과나무입니다. 열매 맺지 못하는 잎만 무성한 나무는 하나님의 창조 질서를 거스르는 모습인 것입니다.

화 있을지언정 외식하는 서기관들과 바리새인들이여 화칠한 무덤
같으니 겉으로는 아름답게 보이나 그 안에는 죽은 사람의 뼈와 모든
더러운 것이 가득하도다

마태복음 23장 27절

너희가 과실을 많이 맺으면 내 아버지께서 영광을 받으실 것이요 너
희가 내 제자가 되리라

요한복음 15장 8절

　세상에는 종교인과 그리스도인이 있습니다. 종교인은 의식과 형식에
치우쳐 겉만 화려합니다. 그리스도인은 일체의 가식과 의식과 허위를 거
부합니다. 종교인은 자신의 정욕을 향하고 그리스도인은 하나님의 영광
을 바라봅니다. 종교인은 죽어 있는 열매 없는 무화과나무요 그리스도인
은 살아 있는 열매 맺는 생명나무입니다. 그리스도인은 하나님을 믿는 자
요 종교인은 하나님 아닌 것을 믿는 자입니다.

가라사대 너희 믿음이 적은 연고니라 진실로 너희에게 이르노니 너
희가 만일 믿음이 한 겨자씨만큼만 있으면 이 산을 명하여 여기서 저
기로 옮기라하여도 옮길 것이요 또 너희가 못할 것이 없으리라

마태복음 17장 20절

예수께서 대답하여 가라사대 내가 진실로 너희에게 이르노니 만일
너희가 믿음이 있고 의심치 아니하면 이 무화과나무에게 된 이런 일

만 할 뿐 아니라 이 산더러 들려 바다에 던지우라 하여도 될 것이요
너희가 기도할 때에 무엇이든지 믿고 구하는 것은 다 받으리라 하시
니라

마태복음 21장 21절~22절

　믿음이 없는 구함은 믿음도 아니요 구함도 아닙니다. 신앙은 하나님을
의심 없이 믿는 것이요 구하는 것입니다. 기도는 받는다는 믿음의 확신입
니다. 기도는 받고자하는 것을 구하는 것입니다. 많은 사람의 믿음 없는
기도는 하나님이 아닌 사람에게 구하고 구하는 동기와 목적 또한 불의한
것입니다. 진정 우리가 믿고 구하는 모든 것은 하나님에게로 부터 오는
것입니다.

　구하여도 받지 못함은 정욕으로 쓰려고 잘못 구함이니라

야고보서 4장 3절

형통을 위한 삶

우리의 삶에는 크고 작은 질곡이 있습니다. 인생의 질곡은 바다에 이는 파도와 같습니다. 우리는 또한 밀려오는 파도를 헤치고 망망대해를 건너는 작은 배와 같습니다. 우리의 삶은 바람 앞에 등불처럼 한 치 앞을 가늠하기 어렵습니다. 세상에서 우리는 언제나 긴장의 연속된 삶을 살아갑니다. 세상에서 우리는 늘 불안하고 초조하며 근심과 걱정으로 살아갑니다.

그럼에도 우리는 내일을 위한 오늘의 고통과 아픔을 기꺼이 감당하며 살아갑니다. 닥쳐올 일들을 전혀 알 수 없는 세상 속에서 사람들은 저마다 절망이 아닌 희망의 삶을 살아갑니다. 다만 우리는 우리가 하는 모든 일들이 잘되기를 소원합니다. 그것은 모든 사람들이 바라고 원하는 형통한 삶입니다.

> 너의 평생에 너를 능히 당할 자 없으리니 내가 모세와 함께 있던 것 같이 너와 함께 있을 것임이라 내가 너를 떠나지 아니하며 버리지 아니하리니 마음을 강하게 하라 담대히 하라 너는 이 백성으로 내가 그 조상에게 맹세하여 주리라 한 땅을 얻게 하리라 오직 너는 마음을 강하게 하고 극히 담대히 하여 나의 종 모세가 네게 명한 율법을 다 지

켜 행하고 좌로나 우로나 치우치지 말라 그리하면 어디로 가든지 형통하리니 이 율법책을 네 입에서 떠나지 말게 하며 주야로 그것을 묵상하여 그 가운데 기록한 대로 다 지켜 행하라 그리하면 네 길이 평탄하게 될 것이라 네가 형통하리라 내가 네게 명한 것이 아니냐 마음을 강하게 하고 담대히 하라 두려워 말며 놀라지 말라 네가 어디로 가든지 네 하나님 여호와가 너와 함께 하느니라 하시니라

여호수아 1장 5절~9절

사람들은 모든 것이 자기 뜻대로 되기를 바라며 살아갑니다. 그러나 정작 사람들의 바람과는 다르게 실상은 형통한 삶이 되지 못합니다. 형통한 삶은 사람이 이룰 수 없는 것이기 때문입니다. 형통은 하나님께서 약속하고 이루시는 것입니다. 형통은 '내가 너와 함께 하리라'는 임마누엘(Immanuel)에 있습니다. 사람들이 원하는 형통한 삶은 하나님이 함께 하셔야 살 수 있는 것입니다.

신앙은 믿음으로 사는 것이요 믿음은 곧 하나님으로부터 오는 능력인 것입니다. 믿음의 삶은 하나님의 약속의 말씀을 믿고 그 믿음대로 사는 것을 말합니다. 여호수아가 담대히 가나안을 향하여 나아갈 수 있었던 근거는 하나님의 약속의 말씀에 순종했기 때문입니다. 우리가 형통한 삶을 살기 위해서는 하늘의 지혜인 하나님의 말씀대로 살아가는 것입니다. 형통한 삶을 이루기 위해서는 하나님의 도우심과 우리의 순종이 함께 연합되어야 하는 것입니다.

그러므로 주께서 친히 징조로 너희에게 주실 것이라 보라 처녀가 잉

태하여 아들을 낳을 것이요 그 이름을 임마누엘이라 하리라

이사야 7장 14절

보라 처녀가 잉태하여 아들을 낳을 것이요 그 이름을 임마누엘이라
하리라 하셨으니 이를 번역한즉 하나님이 우리와 함께시다 함이라

마태복음 1장 23절

내가 너희에게 분부한 모든 것을 가르쳐 지키게 하라 볼지어다 내가
세상 끝 날까지 너희와 항상 함께 있으리라 하시니라

마태복음 28장 20절

하나님이 우리에게 '임마누엘'을 주신 것은 우리의 형통한 삶을 위함입
니다. 형통한 삶을 위해 우리는 주님과 동행하며 말씀을 붙드는 삶을 살
아야만 합니다. 형통한 삶은 나의 뜻이 아닌 주님의 뜻대로 되어지는 삶
을 살고 누리는 것입니다. 형통한 삶은 될 것은 반드시 이루어지고 안 될
것은 반드시 되지 않는다는 것을 수용하는 삶입니다.

네가 보거니와 믿음이 그의 행함과 함께 일하고 행함으로 믿음이 온
전케 되었느니라… 영혼 없는 몸이 죽은 것같이 행함이 없는 믿음은
죽은 것이니라

야고보서 2장 22절, 26절

세상 가운데 인생길을 가는 우리 모두는 형통한 인생이기를 소원합니

다. 우리의 형통은 하나님의 말씀을 읽고 듣고 묵상하고 행하는 전의지의 총체적 삶에서 오는 것입니다.

하나님의 말씀은 형통한 삶을 위한 우리 삶의 교훈이요 법이요 푯대입니다. 우리의 하나님에 대한 절대적 신앙이 우리를 강하고 담대하게 하기 때문입니다. 임마누엘(Immanuel)의 삶은 우리가 어디에 있든지 어디로 가든지 어떠한 형편이든지 우리를 세상에서 담대하게 하며 주안에서 평안케 합니다. 하나님이 나와 함께 하시고 우리가 그 약속의 말씀을 붙들면 우리는 언제나 형통한 인생입니다.

> 나의 계명을 가지고 지키는 자라야 나를 사랑하는 자니 나를 사랑하는 자는 내 아버지께 사랑을 받을 것이요 나도 그를 사랑하여 그에게 나를 나타내리라
>
> 요한복음 14장 21절

네 발에 신을 벗으라

모세가 애굽 사람의 학술을 다 배워 그 말과 행사가 능하더라 나이 사십이 되매 그 형제 이스라엘 자손을 돌아볼 생각이 나더니 한 사람의 원통한 일 당함을 보고 보호하여 압제 받는 자를 위하여 원수를 갚아 애굽 사람을 쳐죽이니라 저는 그 형제들이 하나님께서 자기의 손을 빌어 구원하여 주시는 것을 깨달으리라고 생각하였으나 저희가 깨닫지 못하였더라… 사십 년이 차매 천사가 시내산 광야 가시나무 떨기 불꽃 가운데서 그에게 보이거든… 주께서 가라사대 네 발에 신을 벗으라 너 선 곳은 거룩한 땅이니라

사도행전 7장 22절~25절, 30절, 33절

사람의 행위는 내면에 잠재된 자기중심적 본능에서 나오는 것입니다. 자기중심적인 본능은 이성적이거나 감성적 반응으로 나타나는 것입니다. 사람의 인격은 관계하는 모든 사람을 대하는 태도나 반응을 결정합니다. 사람과의 관계에서 나타나는 다양한 반응은 선하게 또는 악하게 나타납니다. 우리의 인간관계가 서로를 이해하고 화합하지만 때로는 하나가 되지 못하고 서로 상충하고 갈등하고 대립하는 것은 자기의 중심에서 나오는 타락한 본성 때문입니다. 사람들의 관계에서 오는 모든 갈등은 자기중

심적 삶에서 기인한 결과입니다.

> 이튿날 다시 나가니 두 히브리 사람이 서로 싸우는지라 그 그른 자에
> 게 이르되 네가 어찌하여 동포를 치느냐 하매 그가 가로되 누가 너로
> 우리의 주재와 법관을 삼았느냐 네가 애굽 사람을 죽임같이 나도 죽
> 이려느냐 모세가 두려워하여 가로되 일이 탄로 되었도다
>
> 출애굽기 2장 13절, 14절

> 여호와께로 다시 나아가 여쭙되 슬프도소이다 이 백성이 자기들을
> 위하여 금신을 만들었사오니 큰 죄를 범하였나이다 그러나 합의하
> 시면 이제 그들의 죄를 사하시옵소서 그렇지 않사오면 원컨대 주의
> 기록하신 책에서 내 이름을 지워 버려 주옵소서
>
> 출애굽기 32장 31절~32절

우리는 자기로부터 나오는 모든 언어와 행동을 주장하고 정당화하려는 경향이 있습니다. 우리의 대부분의 언행은 감정적이거나 폭력적이거나 회의적인 것들입니다. 우리는 자신의 얼굴을 보지 못하면서 상대의 얼굴에서 흠을 찾으려 합니다. 우리는 자신의 참모습을 보기 전까지는 여전히 갈등을 일으키는 주역입니다.

이스라엘의 지도자 모세는 하나님을 만나기 전까지는 자기중심적 본능에 충실한 사람이었습니다. 모세는 자신의 참모습을 알기 전에는 자신의 행위로 의롭다함을 얻으려한 사람이었습니다. 그러나 하나님을 만난 모세는 모든 관계의 해결에서 자신을 비웠습니다. 모세는 이스라엘의 불순

종으로부터 오는 하나님의 진노 앞에서도 자신을 내려놓고 이스라엘의 용서를 위해 하나님을 찾았던 것입니다.

우리는 편협하고 충동적인 자기중심에서 나오는 인격으로는 서로의 관계를 회복할 수 없습니다. 우리의 모든 관계를 회복시키는 것은 먼저 우리들 자신의 참 모습을 바라보는 데서 시작되는 것입니다.

> 이 사람 모세는 온유함이 지면의 모든 사람보다 승하더라
>
> 민수기 12장 3절

> 네 하나님 여호와께서 이 사십년 동안에 너로 광야의 길을 걷게 하신 것을 기억하라 이는 너를 낮추시며 너를 시험하사 네 마음이 어떠한지 그 명령을 지키는지 아니 지키는지 알려 하심이라
>
> 신명기 8장 2절, 3절

우리는 스스로의 노력이나 지식의 습득이나 경험으로는 자신의 참 모습을 볼 수 없습니다. 하나님의 사람이 아니면 우리는 언제나 본능에 충실함으로 자신의 행위를 정당화시키는 율법주의자와 같습니다. 사람으로서의 인간 모세가 하나님의 사람 모세가 된 것은 순전히 하나님의 은혜인 것입니다. 그러나 우리의 인격의 변화는 하나님의 지속적인 연단을 통해서 오는 것입니다. 우리를 낮추시며 시험하시는 것은 하나님의 은혜이기 때문입니다. 우리를 겸손케 하시는 것은 하나님이 주시는 능력이기 때문입니다. 하나님은 인간 모세가 아닌 하나님의 사람 모세의 겸손과 온유를 통해 이스라엘을 인도하신 것입니다.

모세가 백성에게 이르되 너희는 두려워 말고 가만히 서서 여호와께서 오늘날 너희를 위하여 행하시는 구원을 보라 너희가 오늘 본 애굽 사람을 또 다시는 영원히 보지 못하리라 여호와께서 너희를 위하여 싸우시리니 너희는 가만히 있을지니라

출애굽기 14장 13절, 14절

우리는 자신을 나타내려는 의식에 사로잡힐 때 자신의 참모습을 볼 수 없습니다. 우리는 늘 오만함과 교만함과 자만함으로 자기 자신을 나타내려 하기 때문입니다. 사람의 기득권적 행위로는 서로의 관계를 근본적으로 해결할 수 없습니다. 우리의 옛사람은 온갖 더러운 것과 타락과 죄악으로 오염된 성품이기 때문입니다. 우리의 옛사람이 하나님의 은혜를 입어 새사람일 때 우리의 인격은 말씀과 영으로 관계 맺는 모든 이를 위로하고 격려하며 거룩한 하나님의 사람으로서 살아가는 것입니다.

그러나 더욱 큰 은혜를 주시나니 그러므로 일렀으되 하나님이 교만한 자를 물리치시고 겸손한 자에게 은혜를 주신다 하였느니라

야고보서 1장 6절

우리의 행복은

행복은 모든 사람들이 원하는 삶의 궁극적인 목적입니다. 행복이란 원하는 것의 성취와 그로인한 만족과 즐거움을 느끼는 마음입니다. 하늘 아래 모든 사람들은 행복하게 살아가기 위해 존재하는 것입니다. 사람들은 행복한 삶을 위해 자신을 돌보지 않고 장소와 시간에 구별 없이 오로지 일에 열심입니다. 그러나 가까이 잡힐 듯 말듯 행복은 우리들 눈앞에서 신기루처럼 아른거립니다.

> 하나님이 큰 물고기와 물에서 번성하여 움직이는 모든 생물을 그 종류대로 날개 있는 모든 새를 그 종류대로 창조하시니 하나님이 보시기에 좋았더라 하나님이 그들에게 복을 주어 가라사대 생육하고 번성하여 여러 바닷물에 충만하라 새들도 땅에 번성하라 하시니라…
> 하나님이 자기 형상 곧 하나님의 형상대로 사람을 창조하시되 남자와 여자를 창조하시고 하나님이 그들에게 복을 주시며 그들에게 이르시되 생육하고 번성하여 땅에 충만하라 땅을 정복하라 바다의 고기와 공중의 새와 땅에 움직이는 모든 생물을 다스리라 하시니라
>
> 창세기 1장 21절~22절, 27절~28절

복은 태초에 하나님이 천지를 창조하시면서 우리 사람에게 주신 것입니다. 사람을 비롯하여 만물의 모든 생사화복은 창조주 하나님이 주관하십니다. 하나님은 사람이 아닌 모든 생물에게 생육과 번성의 복을 주셨습니다. 그리고 사람에게는 생육과 번성과 아울러 모든 생물을 정복하고 다스리는 복을 주셨습니다. 만물을 창조하신 하나님의 바램은 모든 피조물이 자신과 함께 존재하는 것입니다. 시공을 초월하여 영존하시는 하나님이 주시고자 하는 복은 사람이 영원히 존재하는 영생입니다.

하나님은 선택한 이스라엘민족의 구원을 위해 번영과 정복과 경영하는 복을 주시기 원하셨고 그리스도를 믿는 성도들에게 구속의 은혜로 의롭게 되는 복인 구원을 주시기 원하신 것입니다. 하나님을 잘 알지 못해서 오해한 민족적 구원을 간구한 선민 이스라엘 백성이나 오늘의 그리스도를 믿는 그리스도인에게 하나님의 주시고자하는 복은 동일하게 구원인 것입니다. 구원은 하나님과 하나님의 창조된 만물이 함께 영원히 존재하는 것입니다.

> 피조물의 고대하는 바는 하나님의 아들들의 나타나는 것이니 피조물이 허무한데 굴복하는 것은 자기 뜻이 아니요 오직 굴복케 하시는 이로 말미암음이라 그 바라는 것은 썩어짐의 종노릇 한 데서 해방되어 하나님의 자녀들의 영광의 자유에 이르는 것이니라 피조물이 다 이제까지 함께 탄식하며 함께 고통하는 것을 우리가 아나니
>
> **로마서 8장 19절~22절**

세상 사람들이 말하고 원하는 행복은 무병장수하며 부귀영화를 누리는

것입니다. 그러나 사람의 행복은 사람을 만드신 하나님만이 줄 수 있는 것입니다. 세상 만물의 주인은 사람이 아니요 사람을 창조하신 하나님입니다.

인류는 지속적으로 행복을 원하지만 역설적이게도 인류의 역사는 불행을 반복합니다. 타락한 세상에서는 더 이상 하나님이 주시고자 하는 복은 존재하지 않습니다. 우리 인류에게 필요한 것은 세상이 원하는 행복이 아니라 하나님에 의한 회복의 역사입니다.

회복의 역사란 가던 세상길에서 돌이켜 하나님을 향해 나아가는 역사입니다. 인류의 진정한 행복은 죄와 사망으로부터 해방되어 자유함을 얻는 구원입니다. 우리의 진정한 행복은 세상의 참주인이 하나님이심을 고백하는 데서 시작하는 것입니다.

> 일한 것이 없이 하나님께 의로 여기심을 받는 사람의 행복에 대하여
> 다윗의 말한 바 그 불법을 사하심을 받고 그 죄를 가리우심을 받는
> 자는 복이 있고 주께서 그 죄를 인정치 아니하실 사람은 복이 있도다
> 함과 같으니라
>
> 로마서 4장 6절~8절

> 여호와께서 아브람에게 이르시되 너는 너의 본토친척 아비집을 떠
> 나 내가 네게 지시할 땅으로 가라 내가 너로 큰 민족을 이루고 네게
> 복을 주어 네 이름을 창대케 하리니 너는 복의 근원이 될지라
>
> 창세기 12장 1절~2절

하나님은 복 받기를 원하는 우리에게 세상에서의 이기적인 관계와 기득권으로부터 벗어나길 원하십니다. 그러나 하나님의 것을 받기위해선 자신의 일부가 아닌 전부를 내려놓아야 하는 것입니다. 우리의 뜻과 생각과 욕망으로부터 벗어나 하나님 앞에 무릎 꿇고 엎드려야 하는 것입니다. 하나님이 주시는 복은 우리가 하나님만 의존할 수밖에 없는 절망적 상태에서 오는 것이기 때문입니다.

> 저희가 이제는 더 나은 본향을 사모하니 곧 하늘에 있는 것이라 그러므로 하나님이 저희 하나님이라 일컬음 받으심을 부끄러워 아니하시고 저희를 위하여 한 성을 예비하셨느니라
>
> 히브리서 11장 16절

세상 사람들은 땅에 연연하나 하나님의 사람들은 멀리 하늘을 바라봅니다. 하나님께 나아가는 자들은 땅에서는 외국인이요 나그네이기 때문입니다. 하늘에 간직한 우리의 복은 썩지 않고 더럽지 않고 쇠하지 않는 영원한 것이기 때문입니다. 모든 사람들처럼 주님을 믿는 우리의 삶의 목적도 이유도 행복입니다. 행복을 향한 우리의 삶의 복석과 농기와 의노는 하나님을 향한 순종입니다.

약속 있는 첫 계명

만물 중에 으뜸인 사람은 사람으로서의 지극히 당연한 도리를 하면서 살아야 합니다. 사람은 언제 어디서나 어떤 형편에서나 인간으로서 마음에 새겨야 하는 도리가 있습니다. 그것은 자신을 낳아 준 부모에 대한 순종합니다. 부모에 대한 순종은 만물들의 보편적 자연법칙과도 같은 것입니다. 사람을 창조하신 창조주 하나님은 부모에 대한 자녀의 순종을 약속 있는 첫 계명이라고 명명합니다.

> 자녀들아 너희 부모를 주 안에서 순종하라 이것이 옳으니라 네 아버
> 지와 어머니를 공경하라
> 이것이 약속 있는 첫 계명이니 이는 네가 잘되고 땅에서 장수하리라
> 에베소서 6장 1절

이 시대는 실로 변하지 않아야 하는 것들이 변해가고 기억되어야 하는 것들이 잊혀져가는 상실의 시대입니다. 사람과 사람의 경계를 넘어 부모와 자녀에 이르기까지 인간관계는 변질되고 퇴색되고 혼탁해져 갑니다. 하나님이 인류에게 주신 최초의 축복은 가정입니다.

가정의 축복은 가정을 구성하는 가족 한 사람 한 사람의 관계로부터 이

루어집니다. 하나님이 주신 우리의 가정은 가족들 서로 간의 복종과 순종의 관계로 맺어져 있습니다. 가정 안의 복종은 행복을 위한 의사를 요구하는 것이고 순종은 뜻을 자발적으로 따르는 것입니다.

> 아내들아 남편에게 복종하라 이는 주 안에서 마땅하니라 남편들아
> 아내를 사랑하며 괴롭게 하지 말라 자녀들아 모든 일에 부모에게 순
> 종하라 이는 주 안에서 기쁘게 하는 것이니라 아비들아 너희 자녀를
> 격노케 말지니 낙심할까 함이라
>
> 골로새서 3장 18절~21절

하나님은 우리의 모든 자녀들이 부모에게 순종할 것을 요구하십니다. 하나님이 인간에게 주신 열 가지 계명 중 첫 계명부터 넷째 계명까지는 하나님에 대한 사람의 의무. 다섯째부터 열 번째 계명은 이웃을 향한 사람의 의무입니다. 하나님은 특별히 십 계명 중에서 자녀의 부모에 대한 순종을 약속 있는 첫 계명이라고 강조 하십니다.

하나님의 약속 있는 첫 계명은 순종하는 자녀들에게 특별히 주시는 축복의 약속이기 때문입니다. 하나님은 자녀를 부르실 때 말씀하신 것을 듣고 배우고 지켜 행하기를 원하시고 또한 축복하십니다. 모든 사람은 부모에 대한 공경을 통해 하나님의 축복인 번성과 장수를 누리는 것입니다.

> 네 부모를 공경하라 그리하면 너의 하나님 나 여호와가 네게 준 땅에
> 서 네 생명이 길리라
>
> 출애굽기 20장 12절

너는 너의 하나님 여호와의 명한 대로 네 부모를 공경하라 그리하
면 너의 하나님 여호와가 네게 준 땅에서 네가 생명이 길고 복을 누
리리라

신명기 5장 16절

인류의 공동체는 한 가정이라는 작은 가족 공동체로부터 형성됩니다. 우리 모두는 한 가정을 이루는 부모요 형제요 자매요 하나님의 자녀입니다. 성경적인 가정의 질서와 조화로부터 인류의 모든 인간관계는 진정한 행복을 지향하는 것입니다. 하나님께서 약속하신 번성과 장수는 인류가 추구하는 궁극적 행복입니다.

우리는 하나님과의 관계를 중시하는 이유로 사람과의 관계를 경시해서는 안 되는 것입니다. 사람이 마땅히 지향해야 하는 하나님을 사랑하고 주님을 믿고 부모님을 공경하는 것은 만물의 존재 방식인 자연법칙과도 같은 것이요 하나님의 형상으로 창조된 인간의 근본인 것입니다. 따라서 우리가 모든 일에서 부모를 존경하고 순종할 때 하나님은 정말 기뻐하십니다. 하나님의 약속 있는 첫 계명은 하나님의 자녀인 나로부터 자손에 이르기까지 받게 되는 축복입니다.

이 율법책을 네 입에서 떠나지 말게 하며 주야로 그것을 묵상하며 그
가운데 기록한 대로 다 지켜 행하라 그리하면 네 길이 평탄하게 될
것이라 네가 형통하리라

여호수아 1장 8절

다만 그들이 항상 이 같은 마음을 품어 나를 경외하며 나의 모든 명령을 지켜서 그들과 그 자손이 영원히 복받기를 원하노라

신명기 5장 29절

우리는 세상 가운데 주님이 살았던 삶을 사는 하나님의 자녀입니다. 주님도 이 땅에 오셔서 하나님 나라에 이르기까지 하나님 아버지께 순종의 삶을 사셨습니다. 하나님의 자녀들도 이 땅의 부모에게 순종을 다하며 축복된 생애를 살아야 합니다. 약속 있는 첫 계명은 주님을 따르는 순종의 하늘 백성들이 받는 약속된 영생의 축복입니다.

예수께서 그 모친과 사랑하시는 제자가 곁에 선 것을 보시고 그 모친께 말씀하시되 여자여 보소서 아들이니이다 하시고 또 그 제자에게 이르시되 보라 네 어머니라 하신다 그때부터 그 제자가 자기 집에 모시니라

요한복음 19장 26절~27절

은혜받기

사람들은 주는 것보다 받는 것을 더 좋아합니다. 누구에게나 있는 소유욕이 그 무엇보다 우선하기 때문입니다. 모든 소유는 땀과 눈물과 시간을 요구합니다. 우리들은 땀과 눈물의 결과로 얻어진 보상을 성공으로 단정합니다. 그러나 보상은 성공뿐만 아니라 실패도 가져다주는 것입니다. 보상이 주는 성공과 실패는 결국 사람이 사람에게 주거나 받게 되는 것입니다. 사람이 주는 것이 아닌 하나님이 주는 보상이 바로 은혜입니다. 은혜는 하나님에게 사람이 일방적으로 값없이 받는 축복입니다. 은혜는 하나님이 인간에게 조건 없이 베푸시는 하늘의 선물입니다.

> 하나님이 세상을 이처럼 사랑하사 독생자를 주셨으니 이는 저를 믿는 자마다 멸망치 않고 영생을 얻게 하려 하심이니라
>
> 요한복음 3장 16절

하나님이 사람을 찾아 이 땅에 오신 것은 은혜 중에 은혜입니다. 하나님이 사람을 구원하시려고 예수를 이 땅에 보내신 것이 은혜입니다. 인류는 첫 사람 아담으로부터 하나님 앞에 죄인으로 살아가고 있습니다. 따라서 인류는 죄의 삯을 사망으로 반드시 지불해야 하는 절망적 존재인 것입니

다. 인류가 맞이해야 하는 사망의 삶 가운데 산 소망으로 오신 분이 사랑이신 하나님이시요 주님입니다. 우리가 주 예수 그리스도를 믿어 사망이 생명이 되는 것이 우리가 받아야 하는 은혜입니다.

사람이 의롭게 되는 것은 율법의 행위에서 난 것이 아니요 오직 예수 그리스도를 믿음으로 말미암는 줄 아는 고로 우리도 그리스도 예수를 믿나니 이는 우리가 율법의 행위에서 아니고 그리스도를 믿음으로서 의롭다함을 얻으려 함이라 율법의 행위로서는 의롭다함을 얻을 육체가 없느니라

갈라디아서 2장 16절

그가 가로되 주 여호와여 내가 이 땅으로 업을 삼을 줄을 무엇으로 알리이까

창세기 15장 8절

여호와께서 아브라함에게 이르시되 사라가 왜 웃으며 이르기를 내가 늙었거늘 어떻게 아들을 낳으리요 하느냐 여호와께 능치 못한 일이 있겠느냐 기한이 이를 때에 내가 네게로 돌아오리라 사라에게 아들이 있으리라

창세기 18장 13절~14절

은혜는 누구나 받는 은혜와 아무나 받을 수 없는 은혜가 있습니다. 은혜 가운데는 그리스도를 믿는 자가 받는 특별한 은혜가 있습니다. 특별한

은혜는 믿는 자에게 베푸시는 하나님의 주권적 사랑입니다. 아브라함은 하나님께서 부르신 자요 하나님께서 선택하신 은혜 받은 자입니다. 그러나 아브라함은 은혜의 경험이 없기에 아내 사라와 더불어 하나님을 의심하고 비웃게 된 것입니다. 우리는 하나님이 주시고자 하시는 은혜를 받아 보기까지 하나님을 신뢰하지 못하는 것입니다.

> 다윗의 자손 요셉이라 하는 사람과 정혼한 처녀에게 이르니 그 처녀의 이름은 마리아라 그에게 들어가 가로되 은혜를 받은 자여 평안할 지어다 주께서 너와 함께 하시도다 하니 처녀가 그 말을 듣고 놀라 이런 인사가 어찌함인고 생각하매… 보라 네가 수태하여 아들을 낳으리니 그 이름을 예수라 하라… 마리아가 천사에게 말하되 나는 사내를 알지 못하니 어찌 이 일이 있으리이까… 대저 하나님의 모든 말씀은 능치 못하심이 없느니라
>
> 누가복음 1장 27절, 28절, 31절, 34절, 37절

많은 사람들은 하나님의 은혜에 대해서 잘 알지 못하거나 경험이 없습니다. 그러기에 일방적으로 임하는 은혜를 의심하는 것입니다. 성경에 나오는 많은 사람들의 경우도 예외는 아닙니다. 예수의 어머니 마리아 역시 천사 가브리엘의 말을 의심합니다. 의심은 하나님에 대한 신뢰의 결핍에서 오는 것입니다. 의심은 하나님의 능력을 부인하는 것입니다.

우리는 은혜받기를 원하고 하나님은 은혜 베푸시기를 원합니다. 은혜의 발로는 하나님의 사랑이요 나의 나 된 것도 전적으로 하나님의 은혜입니다. 우리를 위한 하나님의 은혜는 끝이 없고 그 최종적 은혜는 구원이

요 영생입니다.

> 내게 이르시기를 내 은혜가 네게 족하도다 이는 내 능력이 약한데서
> 온전하여짐이라 하신지라 이러므로 도리어 크게 기뻐함으로 나의
> 여러 약한 것들에 대하여 자랑하리니 이는 그리스도의 능력으로 내
> 게 머물게 하려 함이라
>
> 고린도후서 12장 10절

몸과 마음의 건강을 위하여

사람들은 자신의 건강과 행복한 삶을 위해 애쓰며 살아갑니다. 우리는 자기를 위해서 노력하고 땀 흘리며 가능한 모든 것을 쏟아붓습니다. 우리가 추구하는 노력의 결과에는 보상이 있기 때문입니다. 우리는 흔히 성공이라는 것을 물질적 풍요와 동일시합니다.

우리들 대부분은 태어나서 죽음에 이르기까지 육신적 즐거움과 물질적 성공을 추구합니다. 사람이란 육체와 영혼을 가진 영적 존재입니다. 영혼이 없는 육체는 더 이상 살아있는 사람이 아닙니다. 그러나 사람들은 육신적, 물질적 축복인 성공을 바라는 것에 열심입니다. 우리를 만드신 하나님은 우리가 육신적으로나 영적으로 잘되기를 원하십니다.

> 사랑하는 자여 네 영혼이 잘됨같이 네가 범사에 잘되고 강건하기를
> 내가 간구하노라
>
> 요한삼서 1장 2절

하나님은 우리가 바라는 육신적 강건함이 영적인 토대 위에 있기를 원하십니다. 영혼과 육체는 분리될 수 없기 때문입니다. 분리되는 순간 우리는 더 이상 살아 있는 사람이 아니기 때문입니다. 영혼이 보이지 않는

내면세계라면 육체는 보이는 외면세계입니다.

영이란 인간의 중심에 자리 잡고 있는 보이지 않는 내면의 세계입니다. 그 영적인 영역은 하나님의 고유 영역입니다. 사람들이 말하는 인간의 양심이란 사람만이 가지고 있는 도덕적인 생활의 표준입니다. 만약 우리가 양심을 저버린다면 그것은 우리의 영혼이 타락한 것을 말해 주는 것입니다. 영혼의 타락이란 하나님과의 단절된 상태를 말하는 것입니다.

> 그러나 성경이 밝히 말씀하시기를 후일에 어떤 사람들이 믿음에서
> 떠나 미혹케 하는 영과 귀신의 가르침을 좇으리라 하셨으니 자기 양
> 심이 화인(火印)을 맞아서 외식함으로 거짓말하는 자들이라
>
> 디모데전서 4장 1절, 2절

세상에는 영이 타락한 사람들이 많이 있습니다. 세상은 하나님을 싫어하고 거부하고 도전합니다. 그들은 하나님이 부여한 양심이 화인 맞아 죽은 자들입니다. 세상에는 영이 죽어 있는 사람들이 많이 있습니다.

우리의 영은 하나님의 부르심의 반응에 따라서 살기도 하고 죽기도 합니다. 살아 있는 영혼은 선한 양심이요 죽어있는 영혼은 악한 양심입니다. 악한 양심은 하나님을 떠나서 부패하고 타락한 것을 의미합니다.

사람의 영혼은 영과 혼으로 이분되기도 하는데 영은 하나님의 고유영역이고 혼은 감정의 영역 입니다. 우리의 마음속 감정은 영의 상태에 따라서 변화무쌍하게 표출되는 것입니다.

그러므로 내가 한 법을 깨달았노니 곧 선을 행하기 원하는 나에게 악

이 함께 있는 것이로다 내 지체 속에 한 다른 법이 내 마음의 법과 싸

워 내 지체 속에 있는 죄의 법 아래로 나를 사로잡아 오는 것을 보는

도다

로마서 7장 21절, 23절

사랑하는 자들아 나그네와 행인 같은 너희를 권하노니 영혼을 거스

려 싸우는 육체의 정욕을 제어하라

베드로전서 2장 11절

우리 사람은 누구나 자기중심적으로 살기를 원합니다. 우리 중에는 자신의 성공을 위해 타인의 실패를 좋아하는 사람도 있습니다. 우리 중에는 기회가 주어질 때마다 남을 속이기를 즐겨하는 사람도 있습니다. 우리 중에는 육신적 강건을 위해 죄책감을 상실한 넋이 나간 존재도 있습니다.

사람은 죄 아래 팔린 죄인이요 부패한 영혼을 가진 타락한 존재입니다. 사람은 입으로는 선을 말하지만 생각과 행동은 악만을 일삼고자 합니다. 그러나 우리가 추구하는 행복은 삶의 의미와 존재 가치를 상실한 것이 되어서는 안 되는 것입니다. 우리는 하나님의 영이 우리의 영혼과 육체의 주춧돌이 되어야만 존재입니다. 사람의 영과 육의 강건은 하나님의 영으로부터 나오기 때문입니다.

하나님을 가까이하라 그리하면 너희를 가까이 하시리라 죄인들아

손을 깨끗이 하라 두마음을 품은 자들아 마음을 성결케 하라

야고보서 4장 8절

그리스도를 본받아

우리는 우리의 의지나 능력이나 노력으로는 해결할 수 없는 것들이 너무도 많습니다. 우리의 능력 밖의 하나가 죽음의 문제입니다. 인간의 사는 것과 죽는 것은 극단적으로 대립하는 상대적인 개념입니다. 모든 인간은 죽기보다는 살기를 원하기에 그 삶을 지속하려는 인간의 모습은 처연합니다. 독생하신 하나님의 아들 예수님도 인류 구원을 위해 자신이 감당해야 할 십자가의 죽음을 가능하면 피하고자 하나님 아버지께 땀방울이 핏방울이 되도록 눈물의 기도를 드렸던 것입니다.

말씀하시되 내 마음이 심히 고민하여 죽게 되었으니 너희는 여기 머물러 깨어 있으라 하시고… 가라사대 아바 아버지여 아버지께는 모든 것이 가능하오니 이 잔을 내게서 옮기시옵소서 그러나 나의 원대로 마옵시고 아버지의 원대로 하옵소서 하시고

마가복음 14장 34절, 36절

제 구시에 예수께서 크게 소리 지르시되 엘리 엘리 라마 사박다니 하시니 이를 번역하면 나의 하나님 나의 하나님 어찌하여 나를 버리셨나이까 하는 뜻이라

마가복음 15장 34절

인류의 구속을 친히 담당해야 하는 주님도 삶과 죽음의 경계선에서 인간의 모습을 보이셨습니다. 살아 있다는 것 살아간다는 것이 아픔과 고통일지라도 죽음보다는 더 나은 것이 사실입니다. 인류의 구속을 계획하신 하나님은 그리스도로 하여금 십자가의 고통을 감당케 하셨습니다.

그리스도의 십자가 죽으심은 인류의 죄를 대속하기 위한 하나님에 대한 절대적 순종입니다. 그리스도의 십자가 죽으심은 인간의 삶과 죽음의 경계를 무너뜨린 구원사적 현장입니다. 그리스도는 우리가 지금껏 경험하지도 알 수도 없었던 전혀 새로운 영역을 바라보게 한 것입니다. 그것은 죽고 다시 사신 그리스도 예수의 부활입니다. 부활은 사망에서 생명으로 우리가 새롭게 맞이하고 소망하는 진정한 하나님의 영역입니다.

> 만일 우리가 그의 죽으심을 본받아 연합한 자가 되었으면 또한 그의 부활을 본받아 연합한 자가 되리라 우리가 알거니와 우리 옛사람이 예수와 함께 십자가에 못 박힌 것은 죄의 몸이 멸하여 다시는 우리가 죄에서 종노릇하지 아니하려 함이니 이는 죽은 자가 죄에서 벗어나 의롭다 하심을 얻었음이라 만일 우리가 그리스도와 함께 죽었으면 또한 그와 함께 살 줄을 믿노니 이는 그리스도께서 죽은 자 가운데서 사셨으매 다시 죽지 아니하시고 사망이 다시 그를 주장하지 못할 줄을 앎이로라
>
> 로마서 6장 5절~9절

모든 사람의 죽음이 다시 사는 부활을 경험케 하는 것은 결코 아닙니다. 그리스도와 함께 연합한 죽음만이 부활을 맞이하는 것입니다. 그리스도

의 십자가 죽으심은 그리스도 예수의 죄가 아니라 순전히 우리의 죄 때문입니다. 인류가 죽을 수밖에 없는 것은 우리 모두가 하나님 앞에 죄를 범했기 때문입니다. 따라서 우리가 사망에서 생명으로 나아갈 수 있는 길은 그리스도와의 연합뿐입니다. 부활은 죄와 사망에서 해방됨으로 맞이할 새 생명의 영역입니다.

> 태초에 말씀이 계시니라 이 말씀이 하나님과 함께 계셨으니 이 말씀은 곧 하나님이시니라 말씀이 육신이 되어 우리 가운데 거하시매 우리가 그 영광을 보니 아버지의 독생자의 영광이요 은혜와 진리가 충만하더라
>
> 요한복음 1장 1절, 14절

우리의 연합은 그리스도와 하나님과 하나가 되는 것입니다. 우리와 그리스도와의 연합은 그리스도의 죽으심과 부활의 연합입니다. 우리가 그리스도를 본받는다는 것은 그리스도의 절대적 순종의 삶을 산다는 것을 의미합니다. 그리스도가 이 땅을 살았던 것처럼 우리도 그의 성품을 닮아 이땅을 살아가는 것입니다.

그러나 우리의 삶의 실상은 육체의 소욕과 성령의 소욕 간의 갈등과 투쟁의 나날입니다. 그리스도를 본받아 연합하는 삶은 자신의 욕망이 아닌 그리스도를 선택하는 삶입니다. 그리스도를 믿는 우리의 신앙은 이해와 깨달음으로 지켜지고 경험으로까지 나아가야 하는 하늘길입니다.

내가 그리스도와 그 부활의 권능과 그 고난에 참예함을 알려 하여 그

의 죽으심을 본받아 어찌하든지 죽은 자 가운데서 부활에 이르려 하
노니 내가 이미 얻었다 함도 아니요 온전히 이루었다 함도 아니라 오
직 내가 그리스도 예수께 잡힌 바 된 그것을 잡으려고 좇아가노라

빌립보서 3장 10절~12절

사람들은 죽기 위해서 살지 않고 살기 위해 죽지 않습니다. 그럼에도 불구하고 많은 사람들 중에는 살아있으나 정작 죽은자가 있습니다. 부활을 소망하나 결국 이루지 못하는 사람이 있기 때문입니다. 부활은 하나님의 생명이 내안에서 다시 사는 새 생명의 삶입니다.

우리의 부활은 내 안에서 익어가는 그리스도의 영인 성령의 열매입니다. 부활은 우리 생애의 최종적 사건이요 이 땅에서의 마지막 기적입니다. 부활은 하루하루 경험과 체험으로 우리의 일상에서 맺어지는 그리스도를 따르는 열매입니다.

푯대를 향하여 그리스도 예수 안에서 하나님이 위에서 부르신 부름
의 상을 위하여 좇아가노라

빌립보서 3장 14절

온전함을 향하여

내 형제들아 너희가 여러 가지 시험을 만나거든 온전히 기쁘게 여기라 이는 너희 믿음의 시련이 인내를 만들어 내는 줄 너희가 앎이라 인내를 온전히 이루라 이는 너희로 온전하고 구비하여 조금도 부족함이 없게 하려 함이라

야고보서 1장 2절~4절

하늘 아래 살아가는 우리 모두는 언젠가는 예외 없이 하나님 앞에 서야 합니다. 온전은 하나님 앞에서 전혀 부족함이 없는 것을 말합니다. 우리가 온전을 이루기 위해서는 처음부터 끝까지 흔들림이나 좌절이 없어야 하는 것입니다. 우리의 인격이 성숙되고 삶이 성장하는 것은 수많은 우여곡절을 통해서 오는 것입니다.

우리는 일상 가운데 때때로 원하지 않는 일들을 수없이 겪게 됩니다. 그럼에도 불구하고 하나님은 우리의 믿음의 연단과 성숙을 위해 시험을 주십니다. 하나님은 시험을 통해 우리를 고통과 아픔과 절망에서 기쁨과 치유와 소망으로 나아가게 하십니다.

우리가 겪는 시험은 주님이 주시는 시험(Test)과 사단으로 부터 오는 시험(Temptation)입니다. 우리에게 있는 욕심은 사단이 놓은 미혹의 사슬

에 걸려 우리의 마음을 흐리게 하는 것입니다. 사단으로부터 오는 시험은 달콤한 유혹에서 시작하여 우리를 슬픔과 절망의 나락으로 이끌어 갑니다. 사단으로부터 오는 시험의 목적은 우리를 하나님을 믿는 믿음에서 실족케 하는 것이기 때문입니다.

> 여호와는 나의 힘과 나의 방패시니 내 마음이 저를 의지하여 도움을 얻었도다 그러므로 내 마음이 크게 기뻐하며 내 노래로 저를 찬송하리로다
>
> 시편 28편 7절

> 내가 내 몸을 쳐 복종하게 함은 내가 남에게 전파한 후에 자기가 도리어 버림이 될까 두려워함이로라
>
> 고린도전서 9장 27절

우리는 일상에서 뿐만 아니라 고난 가운데서 오는 시험들을 이겨내야 합니다. 시험을 이기기 위해 우리는 먼저 자기 자신을 내려놓고 자신의 모습을 바라보아야 합니다. 만약 우리가 자신의 죄를 감추고 합리화하고 현실의 문제를 불평한다면 우리는 시험에 이길 수 없을뿐만 아니라 우리를 도우시는 하나님을 원망하는 데까지 이르게 되는 것입니다.

우리가 온전을 이루는 것은 하나님께는 순종하는 것이요 사단으로부터 오는 일체의 유혹으로부터는 돌아서는 것입니다. 사람들은 자신을 의지하고 세상을 의지하기에 하나님의 시험 앞에서 불평하고 원망하고 좌절합니다. 온전을 이루기 위해 우리는 자신과 세상이 아닌 하나님만을 신뢰하고 의지해야 하는 것입니다.

우리가 다 하나님의 아들을 믿는 것과 아는 일에 하나가 되어 온전한 사람을 이루어 그리스도의 장성한 분량이 충만한 데까지 이르리니

에베소서 4장 13절

시험을 참는 자는 복이 있도다 이것에 옳다 인정하심을 받은 후에 주께서 자기를 사랑하는 자들에게 약속하신 생명의 면류관을 얻을 것임이니라

야고보서 1장 12절

우리는 누구나 수없이 밀려오는 세상의 파고를 헤치며 치열하게 살아갑니다. 그러기에 우리는 세상에서 기뻐하며 오래 참으며 사는 것이 쉽지 않습니다. 역설적이게도 온전은 참되 끝까지 참아야 이루는 것입니다. 온전을 이루기 위해서 우리는 끝까지 함께하시는 하나님을 바라보아야 합니다.

세상에서의 우리의 환난은 인내와 연단을 통해 소망의 결국인 구원으로 나아가는 것입니다. 우리의 구원은 그리스도를 믿는 믿음으로 얻는 것이시만 구원의 실은 시련의 실입니다. 주님이 이미 걸었던 그 길은 온전을 이루는 인내의 길이요 시련의 길이었습니다. 온전을 이루기 위해서 생명의 면류관을 얻기까지 우리 또한 그 길을 가야만 합니다.

다만 이뿐 아니라 우리가 환난 중에도 즐거워하나니 이는 환난은 인내를, 인내는 연단을, 연단은 소망을 이루는 줄 앎이로다

로마서 5장 3절~4절

우리가 맺는 열매

우리는 일상의 삶속에서 힘든 일들을 감당합니다. 그러나 우리가 땀 흘리며 애쓰는 것은 그 대가를 얻기 위함입니다. 그런데 만약 수고한 땀의 대가가 없다면 그것은 헛수가 될 것입니다. 인간을 비롯한 모든 만물들이 존재하는 곳에는 마땅히 결실들이 남습니다. 남녀가 서로 사랑으로 가정을 이루고 사랑하는 자녀를 얻게 됨은 또 다른 생명을 위함입니다.. 봄이 꽃을 피우고 여름이 열매를 맺고 가을이 수확하면 겨울의 씨앗은 다시 새 봄을 기다립니다. 만물이 그러하듯 하나님도 우리가 그리스도 안에서 열매 맺기를 원하십니다.

그러므로 내 형제들아 너희도 그리스도의 몸으로 말미암아 율법에 대하여 죽임을 당하였으니 이는 다른 이 곧 죽은 자 가운데서 살아나신 이에게 가서 우리로 하나님을 위하여 열매를 맺히게 하려 함이니라 우리가 육신에 있을 때에는 율법으로 말미암는 죄의 정욕이 우리 지체 중에 역사하여 우리로 사망을 위하여 열매를 맺게 하였더니 이제는 우리가 얽매였던 것에 대하여 죽었으므로 율법에서 벗어났으니 이러므로 우리가 영의 새로운 것으로 섬길 것이요 의문의 묵은 것으로 아니할지니라… 생명에 이르게 할 그 계명이 내게 대하여 도리

어 사망에 이르게 하는 것이 되었도다

로마서 7장 4절~6절, 10절

바울은 로마의 유대인들에게 구원의 유일한 방편이라고 믿고 있는 율법은 사망을 위한 열매임을 호소합니다. 바울은 죽은 자 가운데서 살아나신 그리스도와 연합하는 것이 하나님을 위한 열매라고 간곡히 호소합니다. 인간에게 구원을 주시기 위해 그리스도 예수가 왔고 십자가에서 죽으셨고 부활하여 승천 하셨지만 여전히 로마에 있는 많은 유대인들은 율법에 얽매여 있었던 것입니다.

우리 인간은 하나님이 요구하신 율법의 의를 우리 스스로의 힘으로는 감당할 수 없습니다. 유대인들이 신봉하는 율법은 생명에 이르게 하는 것이 아니요 오히려 사망에 이르게 하는 것입니다. 우리가 궁극적으로 맺는 열매는 생명의 열매이거나 사망의 열매 중 하나인 것입니다. 시대를 초월하여 구원을 얻고자하는 사람 중에는 그리스도의 구속의 은혜가 아닌 율법의 행위를 포함한 수많은 종교적 행위로 구원을 얻고자 하는 어리석은 수많은 사람들이 있습니다.

그의 죽으심은 죄에 대하여 단번에 죽으심이요 그의 살으심은 하나님께 대하여 살으심이니

로마서 6장 10절

때가 차매 하나님이 그 아들을 보내사 여자에게서 나게 하시고 율법 아래 나게 하신 것은 율법 아래 있는 자들을 속량하시고 우리로 아들

의 명분을 얻게 하려 하심이라

갈라디아서 4장 4절~5절

하나님의 진노와 심판은 우리의 죄로 인해 비롯된 것입니다. 그리스도께서 오신 것은 하나님과 우리사이를 가로막고 있는 죄로부터 자유케 하기 위함입니다. 그리스도께서 십자가에 죽으신 것은 주님 홀로 죽으신 것이 아니라 우리와 함께 죽으신 것입니다.

아울러 하나님의 율법은 우리가 죄인인 것을 알게 하기 위해 주신 것입니다. 따라서 그리스도께서 우리와 연합한 죽으심은 우리가 도저히 도달할 수 없는 율법으로부터 자유함을 얻게 하기 위함입니다. 이제 우리는 비로소 율법이 아닌 그리스도로 말미암아 하나님을 위한 생명의 열매를 맺게 되는 것입니다.

> 모든 사람이 죄를 범하였으매 하나님의 영광에 이르지 못하더니 그리스도 예수 안에 있는 구속으로 말미암아 하나님의 은혜로 값없이 의롭다하심을 얻은 자 되었느니라.

로마서 3장 23절, 24절

인류는 시작부터 사망을 위한 열매를 맺기 위해 범죄하였습니다. 사망을 위한 열매는 하나님이 아닌 우리 인류의 순전한 선택의 결과입니다. 따라서 죄의 문제를 해결하지 않고서는 우리 인류의 구원은 이룰 수 없는 것입니다. 세상에는 하나님을 사랑하지 않고 예수님을 믿지 않는 사망의 열매 맺는 사람들이 많이 있습니다. 안타깝게도 죄의 결국은 영원한 사망의 형벌일 뿐입니다.

> 오직 성령의 열매는 사랑과 희락과 화평과 오래 참음과 자비와 양선
> 과 온유와 절제니 이 같은 것을 금지 할 법이 없느니라 그리스도 예
> 수의 사람들은 육체와 함께 그 정과 욕심을 십자가에 못 박았느니라
>
> 갈라디아서 5장 22절~24절

하나님은 우리가 하나님을 위한 열매인 영생을 얻기 원하십니다. 그러나 하나님 나라의 삶인 영생은 하늘이 아닌 이곳에서부터 시작되는 것입니다. 이를 위해 성령은 이 땅에서 우리와 함께 하시며 우리를 늘 경성케 하시는 것입니다.

> 나는 포도나무요 너희는 가지니 저가 내 안에 내가 저안에 있으면 이
> 사람은 과실을 많이 맺나니 나를 떠나서는 너희가 아무것도 할 수 없
> 음이라
>
> 요한복음 15장 5절

신앙의 열매

못된 열매 맺는 좋은 나무가 없고 또 좋은 열매 맺는 못된 나무가 없
느니라 나무는 각각 열매로 아나니 가시나무에서 무화과를 또는 찔
레에서 포도를 따지 못하느니라 선한 사람은 마음의 쌓은 선에서 선
을 내고 악한 자는 그 쌓은 악에서 악을 내나니 이는 마음의 가득한
것을 입으로 말함이니라 너희는 나를 불러 주여 주여 하면서도 어찌
하여 나의 말하는 것을 행치 아니하느냐 내게 나아와 내 말을 듣고
행하는 자마다 누구와 같은 것을 너희에게 보이리라

누가복음 6장 43절~47절

나무도 쓸모 있는 나무와 쓸모없는 나무가 있듯 사람도 또한 그렇습니
다. 나무는 그 나무가 맺는 열매로 나무임을 알 수 있고 사람은 그 사람의
행실로 사람됨을 알 수 있는 것입니다. 사람들은 학식 높고 재산 많고 세
상에 이름을 낸 사람을 완전한 사람이라고 생각합니다. 그러나 아무리 완
전한 사람일지라도 그 사람의 행실은 다를 수 있습니다. 주님은 세상 사
람들이 추구하는 완전한 사람이 아닌 새사람이 되길 원하십니다.

새사람이란 선한 말과 선한 행동을 하는 선한 사람을 말합니다. 사람은
새롭게 태어나지 않고서는 선한 행실을 할 수 없습니다. 사람이 새사람

되기 이전에는 언제나 악한 말과 악한 행실을 하는 것입니다. 사람이 새롭게 변화받기 위해서는 자신의 회개와 거듭남이 있어야 하는 것입니다. 사람이 새사람이 되는 것은 그 사람의 정체성이 새롭게 되는 것입니다.

> 진리가 예수 안에 있는 것같이 너희가 과연 그에게서 듣고 또한 그 안에서 가르침을 받았을진대 너희는 유혹의 욕심을 따라 썩어져 가는 구습을 좇는 옛사람을 벗어 버리고 오직 심령으로 새롭게 되어 하나님을 따라 의와 진리의 거룩함으로 지으심을 받은 새사람을 입으라
>
> 에베소서 4장 21절~24절

사람이 그리스도 예수의 형상을 담지 못하면 언제까지나 옛 사람인 것입니다. 옛사람이 새사람이 되는 것은 선한 열매를 맺기 위한 성령의 역사입니다. 모든 나무마다 각각 맺는 열매가 다르듯 사람 또한 선과 악을 행하는 자가 있습니다. 세상 많은 사람들 가운데 우리가 새사람으로 선한 행실을 내는 것은 순전히 하나님의 능력이요 은혜입니다.

> 사람이 만일 온 천하를 얻고도 제 목숨을 잃으면 무엇이 유익하리요 사람이 무엇을 주고 제 목숨을 바꾸겠느냐 인자가 아버지의 영광으로 그 천사들과 함께 오리니 그때에 각 사람의 행한 대로 갚으리라
>
> 마태복음 16장 26절~27절

우리의 돌아보는 것은 보이는 것이 아니요 보이지 않는 것이니 보이

는 것은 잠깐이요 보이지 않는 것은 영원함이니라

고린도후서 4장 18절

세상은 우리의 눈으로 볼 수 있는 것과 엄연히 존재하고는 있으나 우리가 볼 수 없는 것이 있습니다. 보이는 세계는 육신적인 세계요 보이지 않는 세계는 영적인 세계입니다. 사람들의 관심은 대부분 육신적 만족을 주는 보이는 세계에 집중합니다. 따라서 사람들은 무엇을 먹을까 무엇을 입을까 무엇을 즐길까를 생각합니다. 육신의 사람들의 관심은 육신의 정욕과 안목의 정욕과 이생의 자랑이기 때문입니다.

많은 사람들은 성령의 부재로 말미암아 영적세계를 인식하지 못하며 살아갑니다. 보이는 것에 집착하는 사람은 육신적인 세상일에 최고의 가치와 목적을 두고 살아갑니다. 보이지 않는 것을 보는 자는 영혼 구원을 위한 하나님의 일에 삶의 방향과 목적을 두고 살아갑니다. 새 사람은 세상 사람들은 볼 수 없는 영원한 세계를 마주하면서 살아가는 사람입니다.

이러므로 그의 열매로 그들을 알리라 나더러 주여 주여 하는 자마다 천국에 다 들어갈 것이 아니요 다만 하늘에 계신 내 아버지의 뜻대로 행하는 자라야 들어가리라

마태복음 7장 20절~21절

누구든지 하늘에 계신 내 아버지의 뜻대로 하는 자가 내 형제요 자매요 모친이니라 하시더라

마태복음 12장 50절

효자는 부모의 말을 듣고 행하는 자식을 말하고 믿는 자는 주님의 가르침을 따르는 자를 말합니다. 거짓으로 믿는 자는 종교적 형식과 현세적 만족에 열심으로 관심 있는 외형적 신자입니다. 새사람이 맺는 선한 열매는 주님을 믿고 행하는 참된 신자의 믿음의 열매입니다. 주님은 우리를 위해 죄와 율법에 대하여 십자가에 죽으시고 다시 사심으로 의의 열매가 되셨습니다.

인류는 아담의 범죄로 사망이 임한 이후 아직까지 죄에 물든 타락한 본성에 지배당하고 죄의 권세 아래 종노릇하며 고통과 신음가운데 악한 열매를 맺고 있습니다. 선을 이루어 가시는 하나님의 자녀 된 우리는 허위와 가식이 전혀 없는 살아 있는 믿음의 삶을 살아 생명을 위한 선한 빛의 열매를 맺어 가야 하는 것입니다.

빛의 열매는 모든 착함과 의로움과 진실함에 있느니라

에베소서 5장 9절

믿음으로 말미암아 살리라

사람은 하나님의 은혜로 온전한 사람이 되는 것입니다. 사람은 그리스도를 믿음으로 온전을 이루기 때문입니다. 믿음은 사람의 구원을 위해 하나님이 펼쳐 놓으신 길입니다. 하나님은 그리스도를 믿는 믿음으로 우리를 죄인에서 의인 되게 하십니다. 우리가 의인 되는 길은 그리스도를 믿는 믿음뿐입니다.

보라 그의 마음은 교만하며 그의 속에서 정직하지 못하나니 그러나
의인은 그 믿음으로 말미암아 살리라

하박국 2장 4절

구원은 그리스도를 믿는 믿음으로 얻게 됩니다. 구원은 믿음으로 사는 자의 열매입니다. 그러나 믿음으로 살아가는 것은 쉬운 일이 아닙니다. 우리의 삶의 길목마다 악한 자가 있기 때문입니다. 악한 자는 자기 힘으로 자신을 위한 것을 신으로 삼거나 믿는 자입니다. 악한 자들이 믿는 그 믿음은 결국 죄가 됩니다. 죄는 멸망을 향하는 자들의 전유물입니다.

어찌하여 나로 간악을 보게 하시며 패역을 목도하게 하시나이까 대
저 겁탈과 강포가 내 앞에 있고 변론과 분쟁이 일어났나이다 이러므
로 율법이 해이하고 공의가 아주 시행되지 못하오니 이는 악인이 의
인을 에워쌌으므로 공의가 굽게 행함이니이다

하박국 1장 3절~4절

우주 만물을 다스리시는 분은 하나님이십니다. 그러나 우리는 때때로
하나님이 부재한 것 같은 세상을 만나기도 합니다. 하나님이 부재한 세상
은 우리를 슬프게 합니다. 믿음으로 사는 삶은 하나님의 손길을 기다리는
자의 삶입니다. 기다리는 자는 긴 외로움 끝에 올 특별한 만남을 소망합
니다. 오직 믿음으로 사는 것은 이 땅에서 하늘에 소망 두고 살아가는 삶
입니다. 기다리는 자는 오직 믿음으로 믿음을 주신 하나님께 귀 기울이며
살아가는 것입니다.

복음에는 하나님의 의가 나타나서 믿음으로 믿음에 이르게 하나니
기록된 바 오직 의인은 믿음으로 말미암아 살리라함과 같으니라

로마서 1장 17절

또 하나님 앞에서 아무나 율법으로 말미암아 의롭게 되지 못할 것이
분명하니 이는 의인은 믿음으로 살리라 하였음이니라

갈라디아서 3장 11절

오직 나의 의인은 믿음으로 말미암아 살리라 또한 뒤로 물러가면 내

마음이 저를 기뻐하지 아니하리라 하셨느니라

히브리서 10장 38절

세상은 의인보다 악인이 득세하는 곳입니다. 하지만 하나님은 우리로 하여금 의인 되기를 원하십니다. 의인은 믿음의 사람입니다. 하나님과 우리의 사귐은 믿음의 관계입니다. 믿음의 관계는 우리를 의인에 이르게 합니다.

믿음의 관계는 정직하고 지속적인 관계입니다. 의인은 하나님과의 관계를 오직 믿음으로 관계 맺고 사는 사람을 말합니다. 따라서 믿음은 '나'와 '하나님'과의 절대적 관계입니다. 그러나 '나'를 살리는 믿음의 열매는 오직 '나 자신'으로부터 시작합니다.

믿음 없이는 기쁘시게 못하나니 하나님께 나아가는 자는 반드시 그가 계신 것과 또한 그가 자기를 찾는 자들에게 상 주시는 자이심을 믿어야 할지니라

히브리서 11장 6절

우리 속에 있는 믿음

우리는 믿음의 홍수 시대를 살고 있습니다. 우리 모두는 수많은 믿음의 대상을 가지고 살고 있습니다. 우리는 나를 믿고 남을 믿고 우리 모두를 믿으며 살아갑니다. 모든 관계가 믿음의 관계요 믿음 없이는 아무것도 이루어지지 않는 것입니다. 우리에게 믿음이 필요한 것은 우리가 연약한 존재임을 자인하는 것입니다. 우리에게 믿음이 필요한 것은 우리가 불완전한 존재이기 때문입니다. 우리 모두에게 믿음이 이토록 필요한 것은 살아갈 미래가 불확실하기 때문입니다.

믿음은 우리들 마음속에 보이지 않게 내재된 자기 자신이 신뢰하는 대상입니다. 믿음은 우리들 삶에서 필수불가결한 것이 사실입니다. 특별히 절대적 존재인 하나님을 믿는 그리스도인들에게는 더할 나위가 없는 것입니다. 그리스도인의 삶의 목표는 그리스도를 믿는 믿음으로 말미암는 구원이기 때문입니다. 그리스도인의 삶은 그리스도를 믿는 은혜의 삶이기 때문입니다.

> 너희가 그 은혜를 인하여 믿음으로 말미암아 구원을 얻었나니 이것
> 이 너희에게서 난 것이 아니요 하나님의 선물이라
>
> 에베소서 2장 8절

믿음이 없이는 기쁘시게 못 하나니 하나님께 나아가는 자는 반드시
그가 계신 것과 또한 그가 자기를 찾는 자들에게 상주시는 이심을 믿
어야 할지니라

히브리서 11장 6절

믿음은 하나님의 은혜요 선물입니다. 하나님의 선물은 믿음의 주 되신
예수 그리스도이십니다. 그리스도를 믿음으로 우리가 구원을 얻게 되기
때문입니다. 하나님의 기쁨은 예수님을 믿는 우리의 믿음 때문입니다. 우
리가 세상을 이기는 것도 주를 믿는 믿음으로 가능한 것입니다. 믿음은
우리들 속에서 바라는 것들이 현실화되는 것입니다.

하나님의 뜻으로 말미암아 그리스도 예수 안에 있는 생명의 약속대
로 그리스도 예수의 사도된 바울은 사랑하는 아들 디모데에게 편지
하노니 하나님 아버지와 그리스도 예수 우리 주께로부터 은혜와 긍
휼과 평강이 네게 있을지어다 이는 네 속에 거짓이 없는 믿음을 생각
함이라 이 믿음은 먼저 네 외조모 로이스와 네 어머니 유니게 속에
있더니 네 속에도 있는 줄을 확신하노라

디모데후서 1장 1절, 2절, 5절

우리 속에 있어야 할 믿음은 오직 거짓 없는 진실입니다. 하나님은 우리
의 마음속 깊은 곳을 살피십니다. 우리 속에 있어야 하는 것은 순수하고
깨끗한 마음이어야 합니다. 하나님은 거짓은 미워하시고 진실은 사랑하
시는 분이십니다. 하나님은 형식적이고 위선적인 외식적 믿음을 미워하

시는 분이십니다.

> 너희 중에 누구든지 그에게 이르되 평안히 가라, 더웁게 하라, 배부
> 르게 하라 하며 그 몸에 쓸 것을 주지 아니하면 무슨 이익이 있으리
> 요… 이와 같이 행함이 없는 믿음은 그 자체가 죽은 것이라… 네가
> 보거니와 믿음이 그의 행함과 함께 일하고 행함으로 믿음이 온전케
> 되느니라… 영혼 없는 몸이 죽은 것같이 행함이 없는 믿음은 죽은 것
> 이니라
>
> 야고보서 2장 16절, 17절, 22절, 26절

우리는 누구나 말로는 무엇이든지 다 할 수 있지만 아무나 말한 것을 행할 수는 없습니다. 우리는 우리 속에 믿는 것과 행하는 것이 일치를 이루어야 합니다. 믿는 바를 행동으로 옮기는 것이 참 믿음이요 온전한 믿음이기 때문입니다. 온전한 믿음은 우리가 의롭게 빛 된 삶을 사는 능력이 됩니다. 우리 속에 있는 믿음은 이론이나 지식이나 사상을 말하는 것이 아닌 믿음의 삶 그 자체입니다.

> 오직 나의 의인은 믿음으로 말미암아 살리라 또한 뒤로 물러가면 내
> 마음이 저를 기뻐하지 아니하리라 하셨느니라 우리는 뒤로 물러가
> 침륜에 빠질 자가 아니요 오직 영혼을 구원함에 이르는 믿음을 가진
> 자니라
>
> 히브리서 10장 38절~39절

믿음은 인내하되 끝까지 인내하는 것이요 인내로 맺는 열매입니다. 그러기에 우리 속에 가졌던 첫 믿음이 변함이 없어야 합니다. 세상을 사는 우리는 악한 사단의 세력에 끊임없이 노출될 수밖에 없습니다. 우리는 세상의 유혹과 미혹에 쉽게 넘어가고 환경과 형편에 무너지기 쉬운 약한 존재입니다. 우리의 믿음의 씨가 길가나 바위나 가시밭이 아닌 좋은 땅에 뿌리내려야만 하는 까닭입니다.

우리는 우리 자신을 의지하는 감상주의적이고 이기적인 믿음으로는 열매 맺지 못합니다. 우리는 우리를 온전케 하시는 주만을 의지해야 결실 있는 인생을 사는 것입니다. 믿음은 보이는 것을 믿는 것이 아니라 보이지 않는 것을 믿는 것입니다. 세상은 보이는 것을 믿으나 우리는 보이지 않는 하나님을 믿는 것입니다. 우리 속에 있는 믿음은 세상을 이기는 믿음이요 하나님을 보는 믿음입니다.

사랑이 없으면

종교는 사람이 사람을 위해서 어떤 대상을 신처럼 절대화하여 믿고 섬기는 것입니다. 그럼에도 불구하고 세상 사람들은 그리스도 예수를 믿는 것을 그리스도교라 부릅니다. 사람들이 말하는 그리스도교는 사람이 만든 종교가 아닐뿐더러 존재하지도 않습니다. 그리스도 예수는 하나님이 인간의 구원을 위해 육신의 모습으로 오신 하나님이십니다. 그리스도를 믿는다는 것은 사람을 찾아 이 땅에 오신 하나님을 믿어 영혼을 구원받는 것입니다.

또한 많은 사람들은 구원을 주시는 하나님을 사랑의 하나님으로만 인식하고 있습니다. 그러나 하나님은 사랑과 공의가 근본이자 본질입니다. 하나님이 구원할 사람을 찾아 이 세상에 오신 것은 분명 사람에 대한 사랑 때문입니다. 하지만 마지막에 임하는 심판으로 하나님의 사랑을 확증하는 특별한 사랑인 것입니다.

새 계명을 너희에게 주노니 서로 사랑하라 내가 너희를 사랑한 것같이 너희도 서로 사랑하라 너희가 서로 사랑하면 이로써 모든 사람이 너희가 내 제자인 줄 알리라

요한복음 13장 34절, 35절

예수께서 가라사대 네 마음을 다하고 목숨을 다하고 뜻을 다하여 주
너의 하나님을 사랑하라 하셨으니 이것이 크고 첫째 되는 계명이요
둘째는 그와 같으니 네 이웃을 네 몸과 같이 사랑하라 하셨으니 이
두 계명이 온 율법과 선지자의 강령이니라

마태복음 22장 37절~40절

하나님은 우리에게 하나님을 사랑하고 이웃을 사랑할 것을 명하십니
다. 우리에게 있어야 하는 사랑은 추상적 단어가 아닌 하나님의 법이요
인간의 의무입니다. 사랑은 우리의 현실에서 지켜지고 실천해야 할 행동
윤리이자 하나님의 명령입니다. 우리의 구원의 발로는 하나님의 사랑에
서 비롯되기 때문입니다. 하나님의 사랑이 죄인 된 인간을 구원하는 것이
기 때문입니다. 우리를 사랑하시는 그 사랑이 우리를 찾아 낮고 천한 이
땅에 오신 것입니다. 주님은 사랑을 알지 못한 우리를 죽기까지 사랑하심
으로 우리를 영원히 구원하십니다.

사랑은 오래 참고 사랑은 온유하며 투기하는 자가 되지 아니하며 사
랑은 자랑하지 아니하며 교만하지 아니하며 무례히 행치 아니하며
자기의 유익을 구치 아니하며 성내지 아니하며 악한 것을 생각지 아
니하며 불의를 기뻐하지 아니하며 진리와 함께 기뻐하고 모든 것을
참으며 모든 것을 믿으며 모든 것을 바라며 모든 것을 견디느니라

고린도전서 13장 4절~7절

사랑이 없는 삶은 향기 없는 꽃과 같이 날개 잃은 새와 같이 그 존재가

무의미한 것입니다. 사랑이 없는 삶은 무미건조한 삶이요 자기중심적인 삶입니다. 우리의 사랑이 정욕적이거나 이기적이면 그것은 벌써 사랑이 아닙니다. 우리의 실천적 사랑의 근거는 그리스도의 사랑이어야 합니다.

사랑은 서로가 서로에게 다툼과 분쟁이 없이 서로를 돌아보며 내어 주는 것입니다. 사랑은 서로가 서로에게 좋아하고 그리워하고 모든 것을 같이하는 것입니다. 사랑은 너와 내가 그리스도 예수 안에서 하나 되어 하나님께 나아가는 것입니다.

> 내 계명은 곧 내가 너희를 사랑한 것같이 너희도 서로 사랑하라 하는 이것이니라
>
> 요한복음 15장 12절

> 사랑하는 자들아 우리가 서로 사랑하자 사랑은 하나님께 속한 것이니 사랑하는 자마다 하나님께로 나서 하나님을 알고
>
> 요한일서 4장 7절

하나님의 모든 말씀의 근본은 우리를 향한 사랑입니다. 우리의 사랑은 하나님을 사랑하는 곳에서 시작합니다. 많은 사람들의 사랑의 실상은 하나님을 떠난 자기 사랑에서 안주하고 있습니다. 우리들의 사랑은 온전을 추구하나 늘 부족하며 완전을 추구하나 늘 불완전합니다. 우리가 사랑하기 보다는 미워하기를 더 좋아하는 것은 사랑을 모르기 때문입니다.

> 나는 너희에게 이르노니 너희 원수를 사랑하며 너희를 핍박하는 자

를 위하여 기도하라 이같이 한즉 하늘에 계신 너희 아버지의 아들이 되리니 이는 하나님이 그 해를 악인과 선인에게 비취게 하시며 비를 의로운 자와 불의한 자에게 내리우심이니라 너희가 너희를 사랑하는 자를 사랑하면 무슨 상이 있으리요 세리도 이같이 하느니라

마태복음 5장 44절~46절

우리가 하나님을 사랑하면 우리는 이웃을 사랑할 수밖에 없습니다. 우리가 사랑해야 하는 이웃 가운데는 우리의 친구가 아닌 원수도 있습니다. 우리가 원수까지도 사랑할 수 있는 것은 원수 된 우리를 하나님이 사랑하셨기 때문입니다. 사랑은 참는 것이요 견디는 것이요 끝까지 인내해야 하는 것입니다. 참는 것은 불의에 대한 것이 아니라 자신을 해치는 불의를 용서하는 것입니다.

견디는 것은 모든 것에 대하여 절망치 않고 자신을 지켜 이루어지기까지 기다리는 것입니다. 주님은 하나님 앞에서 우리를 위해 목숨까지 내어주시며 우리에 대한 사랑을 확증하셨습니다. 사랑이신 하나님은 우리가 사랑하는 아들이 되어 자기와 더불어 영원토록 살기 원하십니다.

저가 내 안에 내가 저 안에(In Christ)

우리 사람은 인간적으로 사회적으로 그리고 공동체적인 외적관계로 존재합니다. 모든 사람들은 나름의 살아가는 존재 방식이 있습니다. 인간 존재의 중요성은 인식의 문제가 아니라 내재의 문제입니다. 내재의 문제는 우리가 무엇으로 존재하며 관계하는가를 말하는 것입니다. 우리가 무엇으로 살아가는가는 우리가 어떻게 살 것인가의 존재 방식을 결정하게 합니다.

> 나는 포도나무요 너희는 가지니 저가 내 안에 내가 저 안에 있으면 이 사람은 과실을 많이 맺나니 나를 떠나서는 너희가 아무것도 할 수 없음이라 사람이 내 안에 거하지 아니하면 가지처럼 밖에 버리워 말라지니니 사람들이 이것을 모아다가 불에 던져 사르느니라 너희가 내 안에 거하고 내 말이 너희 안에 거하면 무엇이든지 원하는 대로 구하라 그리하면 이루리라 너희가 과실을 많이 맺으면 내 아버지께서 영광을 받으실 것이요 너희가 내 제자가 되리라
>
> 요한복음 15장 4절~8절

인간의 존재는 일회적이요 제한적인 것입니다. 그러나 하나님은 인간

의 존재 및 존재 방식에서 해방을 선언합니다. 스스로 존재하시는 하나님은 우리에게 영원한 존재 방식을 알게 하십니다. 영원히 존재하는 방식은 주님과의 교제요 주님과의 연합입니다.

주님과 인간의 연합은 인간이 영원히 존재하는 또한 할 수 있는 유일한 존재 방식입니다. 모든 생명의 근원은 하나님이요 하나님은 존재의 근원이십니다. 영원을 위한 우리의 존재 방법은 영존하는 하나님으로부터 선택받아야 하는 것입니다. 이를 위해 우리는 무엇보다도 먼저 하나님을 의지해야만 합니다.

주님은 우리에게 자신의 존재 방식인 우리와의 연합을 언제나 원하십니다. 그리스도와 그리스도를 믿는 자와의 관계는 연합의 관계인 것입니다. 그리스도와의 연합이 아니면 우리는 그리스도의 것이 될 수 없습니다.

포도 열매를 맺기 위한 유일한 방법은 포도나무에 가지로 붙어 있어야 하는 것입니다. 포도나무는 주님이시고 가지는 우리여야 합니다. 주님과의 연합은 우리의 존재 방식이 육이 아닌 생명을 살리는 영적 연합의 관계입니다.

> 하나님이 보내신 이는 하나님의 말씀을 하나니 이는 하나님이 성령을 한량없이 주심이니라 아버지께서 아들을 사랑하사 만물을 다 그 손에 주셨으니 아들을 믿는 자는 영생이 있고 아들을 순종치 아니하는 자는 영생을 보지 못하고 도리어 하나님의 진노가 그 위에 머물러 있느니라
>
> 요한복음 3장 34절~36절

모든 인간은 그리스도의 안과 밖에 존재하는 것입니다. 우리가 그리스도 안에 있다는 것은 그 사람 안에 하나님의 말씀이 살아 있다는 것입니다. 우리는 그리스도의 말씀으로 변화받고 그 말씀의 능력으로 열매 맺는 것입니다. 하나님의 말씀은 생명을 살리는 열매 맺는 능력이기 때문입니다. 우리는 그리스도가 내 안에 내재함으로 존재하는 것입니다. 포도나무에 붙어 있지 않는 가지에는 포도 열매가 맺힐 수 없는 것입니다. 우리는 주님 안에서 맺어진 열매로 하나님을 높이게 되는 것입니다.

그러나 그리스도 안에서도 열매를 맺지 못하는 가지도 있습니다. 그것은 생명이 없는 열매 없는 육적 이스라엘이요 육신의 이익을 도모하는 거짓된 그리스도인입니다. 영혼의 생명이 소진되거나 잃게 되면 끝까지 인내하지 못하고 세상의 유혹에 넘어지고 마는 것입니다.

열매 맺지 못하는 가지는 병든 가지요 죽은 가지요 세상에 버려진 그리스도인입니다. 그리스도의 연합과 분리는 우리의 영원한 삶과 죽음을 가르는 경계입니다. 그리스도가 아니면 생명을 살리는 말씀이 전혀 부재하기 때문입니다. 하나님은 우리가 그리스도의 생명을 풍성히 맺는 열매 맺는 가지가 되기를 바라십니다.

살리는 것은 영이니 육은 무익 하니라 내가 너희에게 이른 말이 영이
요 생명이라

요한복음 6장 63절

저 안에 거한다 하는 자는 그의 행하시는 대로 자기도 행할지니라

요한일서 2장 6절

주님은 우리 안에 생명의 충만함으로 함께하십니다. 주님과 연합한 우리 삶의 방식은 말씀으로 사랑을 실천하며 하나님께 영광 돌리는 것입니다. 참 포도나무는 그리스도요 참 성도는 그리스도와 연합한 가지입니다. 참 성도는 생명의 길을 가는 자요 하나님의 심판을 이미 통과한 자입니다. 세상에서 그리스도밖에 있는 자는 멀리서 영혼을 바라보고 사유하고 노래하지만 그리스도 안에 있는 자는 그리스도의 것으로 영혼에게 다가가고 그리스도를 전하고 나타내고 다만 하나님께 영광을 돌립니다.

선택과 집중

세상을 살아가는 것은 종종 전장에서 전투하는 것에 비유됩니다. 삶은 치열한 현장이기 때문입니다. 아울러 삶은 혼자 살아갈 수 없는 공존의 공간입니다. 세상 누군가와 함께 살아가야 하는 공생의 공간입니다. 함께 힘을 모으기도 함께 경쟁하기도 하면서 살아가는 곳이 세상입니다. 공생이 함께 살아가는 것이라면 공존은 함께 살아남는 것입니다.

세상을 살아가는 것, 그것은 공생과 공존을 말하는 것입니다. 자신을 지키며 남들과 함께 살아가는 데는 선택과 집중이 필요합니다. 선택하는 것과 집중하는 것은 경쟁사회에서 공생과 공존의 필수 불가결한 방식입니다. 우리는 매일매일의 삶속에서 무엇인가를 또는 누군가를 수없이 선택하고 집중하며 살아갑니다. 세상에 생존하는 방법(Knowhow)은 치열한 선택과 집중이 빚어낸 결과물인 것입니다.

여호수아가 모든 백성에게 이르되 이스라엘 하나님 여호와의 말
씀에… 내가 너희 조상 아브라함을 강 저편에서 이끌어 내어 가나
안으로 인도하여… 그 씨를 번성케 하려고 그에게 이삭을 주었고
이삭에게는 야곱과 에서를 주었으며… 내가 모세와 아론을 보내
었고 또 애굽에 재앙을 내렸나니… 그 후에 너희를 인도하여 내었

었노라

여호수아 24장 2절~13절 중

인류의 구원을 위해 하나님께서는 모든 민족들 가운데서 이스라엘 민족을 선택하셨습니다. 인류 구원의 시작은 이스라엘 민족의 구원으로부터 시작합니다. 선택된 이스라엘 민족은 구원을 얻기까지 하나님의 특별하신 인도와 보호를 받았습니다. 하나님은 이스라엘을 가나안으로 이끌어갈 여호수아를 세우시고 선택하시고 지키셨습니다. 지도자 여호수아의 사명은 애굽에서 구원 받은 하나님의 백성 이스라엘 민족을 가나안까지 인도하는 데 있었습니다. 여호수아는 하나님의 말씀을 지키고 순종한 이스라엘을 위해 선택된 하나님의 사람입니다.

> 그러므로 이제는 여호와를 경외하며 성실과 진정으로 그를 섬길 것이라 너희의 열조가 강 저편과 애굽에서 섬기던 신들을 제하여 버리고 여호와만 섬기라 만일 여호와를 섬기는 것이 너희에게 좋지 않게 보이거든 너희 열조가 강 저편에서 섬기던 신이든지 혹 너희의 거하는 땅 아모리 사람의 신이든지 너희 섬길 자를 오늘날 택하라 오직 나와 내 집은 여호와를 섬기겠노라

여호수아 24장 14절, 15절

우리는 세상을 자신의 능력에 의존하여 살아갑니다. 하지만 우리 모두는 세상을 얼마나 힘겹게 살아가는지 모릅니다. 하나님의 사람 여호수아는 인생의 마지막까지 하나님의 백성 이스라엘만을 향해 집중하고 선택

합니다. 여호수아는 이스라엘을 구원하신 하나님만을 섬길 것을 백성들에게 간곡히 호소합니다. 하나님과 하나님의 사람과의 관계는 선택과 집중으로 서로가 일체를 이루는 관계입니다. 여호수아의 생애는 하나님의 백성으로서 우리가 살아가야 하는 삶의 모습입니다.

> 너희 중에 어느 사람이 양 일백 마리가 있는데 그중에 하나를 잃으면 아흔아홉 마리를 들에 두고 그 잃은 것을 찾도록 찾아다니지 아니하느냐
>
> 누가복음 15장 4절

주님은 길 잃고 헤매는 한 마리 양을 찾아 이 땅에 오셨습니다. 우리는 어둠 가운데 갈 곳 잃고 방황하는 인생입니다. 하나님은 세상 가운데서 우리를 선택하셨고 우리에게 집중하십니다. 하나님의 선택과 집중은 오로지 우리의 구원을 위한 것입니다. 멸망하는 소돔성을 탈출할 때 롯의 두 딸은 "뒤를 돌아보지 말라"는 천사의 말에 집중하여 생명을 건졌습니다. 하지만 롯의 아내는 소돔성에 대한 미련에 집중하여 멈춰서 뒤를 돌아보다가 소금 기둥이 되고 말았습니다.

마음 가는 곳에 몸도 가는 것입니다. 하나님은 세상에서 나를 선택하시고 나에게 집중하시며 나를 온전히 인도하십니다. 우리가 세상에서 하나님을 바라보고 하나님께 순종하며 하나님을 사랑해야 하는 넘치는 이유입니다.

> 예수께서 가라사대 네 마음을 다하고 목숨을 다하고 뜻을 다하여 주 너의 하나님을 사랑하라 하셨으니
>
> 마태복음 22장 37절

구름기둥으로 불기둥으로

사람은 태어나서 성인이 될 때까지 부모의 양육과 보호와 인도를 받습니다. 부모는 자녀의 성공과 행복한 삶을 위해 모든 것을 아끼지 않습니다. 모든 부모는 자신의 자녀가 세상을 어렵고 힘들게 살아가기를 바라지 않습니다. 어떤 부모는 자신의 자녀가 남들보다 쉽고 빠르게 성공하여 풍요로운 삶을 누리기를 기대합니다. 사람이 사람을 인도하는 방법과 목적은 하나님의 경우와는 많은 차이가 있습니다. 하나님은 사람들이 원하는 가깝고 쉽고 빠른 지름길이 아닌 오히려 힘들고 먼 광야길로 인도합니다.

> 바로가 백성을 보낸 후에 블레셋 사람의 땅의 길은 가까울지라도 하나님이 그들을 그 길로 인도하지 아니하셨으니 이는 하나님이 말씀하시기를 이 백성이 전쟁을 보면 뉘우쳐 애굽으로 돌아갈까 하셨음이라 그러므로 하나님이 홍해의 광야길로 돌려 백성을 인도하시매 이스라엘 자손이 애굽땅에서 항오를 지어 나올 때에
>
> 출애굽기 13장 17절, 18절

애굽으로부터 벗어나온 이스라엘 앞에는 또 다른 애굽인 블레셋이 가로막고 있었습니다. 하나님은 싸워 본 적이 없는 이스라엘이 두려운 나머

지 나왔던 애굽으로 되돌아 갈 것을 아셨습니다. 하나님이 지시한 땅 가나안은 나약하고 두려워하는 이스라엘로서는 절대 도달할 수 없는 곳입니다. 하나님이 이스라엘을 광야길로 인도하신 것은 자기백성을 강하고 성숙하게 하시려는 목적입니다.

> 네 하나님 여호와께서 이 사십 년 동안에 너로 광야의 길을 걷게 하
> 신 것을 기억하라 이는 너를 낮추시며 너를 시험하사 네 마음이 어떠
> 한지 그 명령을 지키는지 아니 지키는지 알려 하심이라
>
> **신명기 8장 2절**

우리는 어떤 일을 시작할 때 그 일의 마지막을 바라보면서 시작합니다. 그러나 우리는 바라보는 목표를 향하는 과정에서 수없이 돌아서기를 반복합니다. 또한 우리는 마지막에 올 결과를 알 수 없기에 세상에서 방황합니다. 우리는 자신을 위한 인도자를 찾게 되지만 그 또한 나와 같은 사람일 뿐입니다.

우리의 한계는 나를 돕는 인도자의 한계와 다르지 않습니다. 하나님은 세상 가운데 일하기는 자기 백성을 보호하시고 감당할 목표를 분명히 밝히십니다. 하나님은 세상 가운데 부르심 받은 하나님의 사람을 반드시 인도하십니다. 그러기에 하나님의 백성인 성도의 생애의 시작과 끝에는 언제나 하나님이 함께하십니다.

구원은 하나님이 먼저 시작하셨고 하나님께서 작정하신 것을 이루어가시는 여정입니다. 많은 사람은 삶의 주체를 자신으로 삼고자 함으로 딜레마에서 자유롭지 못하는 것입니다. 신앙은 나의 삶을 전적으로 인도자

되시는 하나님께 맡기는 삶입니다.

> 푯대를 향하여 그리스도 예수 안에서 하나님이 위에서 부르신 부름
> 의 상을 위하여 좇아가노라
>
> 빌립보서 3장 14절

> 시험을 참는 자는 복이 있도다 이것에 옳다 인정하심을 받은 후에 주
> 께서 자기를 사랑하는 자들에게 약속하신 생명의 면류관을 얻을 것
> 임이니라
>
> 야고보서 1장 12절

주님은 부르심 받은 자들을 하나님 나라에 이르기까지 끝까지 인도하
십니다. 주님의 인도하심을 받는 성도의 삶은 곧 구원의 여정이요 신앙의
여정입니다. 부름받은 성도를 기다리는 상은 영생이요 생명의 면류관이
요 구원입니다.

> 여호와께서 그들 앞에 행하사 낮에는 구름기둥으로 그들의 길을 인
> 도하시고 밤에는 불기둥으로 그들에게 비취사 주야로 진행하게 하
> 시니 낮에는 구름기둥 밤에는 불기둥이 백성 앞에서 떠나지 아니하
> 니라
>
> 출애굽기 13장 21절, 22절

이스라엘은 광야 40년을 밤의 한기와 낮의 열기 속에서 가나안을 향해

전진해 갔습니다. 이스라엘의 광야생활은 우리 성도들의 세상살이와 같은 것입니다. 이스라엘이 향하던 가나안은 우리 성도들이 가야 할 하나님의 나라입니다. 하나님은 우리의 삶 전 영역에서 우리와 함께하십니다. 주님은 이 땅에 머물지 않고 하늘 가나안을 향하는 우리와 동행하십니다. 세상의 마지막 날까지 주의 영이신 성령께서 우리 인생 여정의 안내자요 주인으로 우리와 함께하십니다.

그러므로 이제부터 너희가 외인도 아니요 손도 아니요 오직 성도들과 동일한 시민이요 하나님의 권속이라 너희는 사도들과 선지자들의 터 위에 세우심을 입은 자라 그리스도 예수께서 친히 모퉁이 돌이 되셨느니라 그의 안에서 건물마다 서로 연결하여 주 안에서 성전이 되어가고 너희도 성령 안에서 하나님의 거하실 처소가 되기 위하여 예수 안에서 함께 지어져 가느니라

에베소서 2장 19절~22절

나의 목전에서

모든 사람은 생긴 모습이 같지 않듯 생각하는 것도 제각각입니다. 모든 사람은 하늘 아래 살아가지만 같은 길을 가지는 않습니다. 하지만 우리는 예외 없이 삶의 여정에서 험준한 산과 강을 넘고 건너야 합니다. 우리는 주어진 환경과 처지와 형편에 따라 관심사도 제각각입니다. 어린아이는 부모를 청소년은 친구를 청년은 연인을 장년은 성취감을 노인은 평안을 찾습니다. 우리의 인생길 위에는 방황하는 자와 지쳐 비틀거리는 자와 쓰러진 자들이 많습니다. 더러는 힘에 겨워 삶의 모든 것을 내던져 버리는 안타까운 모습도 있습니다. 우리의 인생행로가 실로 간단치 않기 때문입니다.

그러나 너희가 올라가기를 즐겨 아니하고 너희 하나님 여호와의 명을 거역하여 장막 중에서 원망하여 이르기를 여호와께서 우리를 미워하시는 고로 아모리 족속의 손에 붙여 멸하시려고 우리를 애굽땅에서 인도하여 내셨도다 우리가 어디로 갈꼬 우리의 형제들이 우리로 낙심케 하여 말하기를 그 백성은 우리보다 장대하며 그 성읍은 크고 성곽은 하늘에 닿았으며 우리가 또 거기서 아낙자손을 보았노라 하는도다 하기로

신명기 1장 26절~28절

하나님은 가나안을 목적으로 이스라엘을 선택했습니다. 이스라엘이 바라보고 가야 할 곳은 오직 하나님이 지시하신 땅 가나안입니다. 그러나 이스라엘은 하나님에 대한 몰이해와 불신으로 하나님을 거역하며 원망했습니다. 이스라엘에게는 진정 그들이 향하는 가나안에 대한 분명한 목표의식이 없었기 때문입니다. 많은 사람들은 삶의 의미와 가치를 반추하는 삶을 살지 않습니다. 우리는 삶의 목표가 없거나 상실될 때 한탄하고 낙심하고 좌절하기도 합니다. 우리의 삶이 자신이 나아가는 목표에 대한 분명한 이유와 방법과 대안이 바로 서야 하는 까닭입니다.

> 내가 너희에게 말하기를 그들을 무서워 말라 두려워 말라 너희 앞서 행하시는 너희 하나님 여호와께서 애굽에서 너희를 위하여 너희 목전에서 모든 일을 행하신 것 같이 이제도 너희를 위하여 싸우실 것이며 광야에서도 너희가 당하였거니와 사람이 자기아들을 안음같이 너희 하나님 여호와께서 너희의 행로 중에 너희를 안으사 이곳까지 이르게 하셨느니라 하나 이 일에 너희가 너희 하나님 여호와를 믿지 아니하였도다 그는 너희 앞서 행하시며 장막 칠 곳을 찾으시고 밤에는 불로 낮에는 구름으로 니희의 행힐 길을 지시하신지니리
>
> **신명기 1장 29절~33절**

살아가는 것은 목적 있는 삶을 사는 것입니다. 목표가 분명한 인생은 그 대안도 분명한 것입니다. 이스라엘이 향하는 곳이 가나안이고 그것을 지시하신 분은 하나님입니다. 그러나 가나안을 향하는 자들의 대안은 하나님에게 있습니다. 이스라엘의 구원과 인도와 그 끝에 있는 가나안 곧 구

원은 하나님께서 계획하신 것입니다.

하나님은 처음부터 마지막까지 자기를 따르는 모든 자들과 함께하십니다. 우리는 삶에서 해결해야 하는 문제를 만날 때 스스로 해결하고자 합니다. 그러나 우리는 대안을 찾고자 하는 것만큼 방황을 하는 것입니다. 세상은 분명 무섭고 두려운 거인이요 우리는 약하고 작은 소인입니다. 우리 안에서는 세상을 이길 능력을 도대체 찾을 수 없습니다. 그러나 세상 앞에 서 있는 우리 앞에 먼저 하나님이 서 계십니다.

> 오늘날 너는 알라 네 하나님 여호와께서 맹렬한 불과 같이 네 앞에 나아가신즉 여호와께서 그들을 파하사 네 앞에 엎드러지게 하시리니… 너는 그들을 쫓아내며 속히 멸할 것이라… 네가 가서 그 땅을 얻음은 너의 의로움을 인함도 아니며 네 마음이 정직함을 인함도 아니요… 여호와께서 이같이 하심은 네 열조 아브라함과 이삭과 야곱에게 하신 맹세를 이루려 하심이니라
>
> 신명기 9장 3절~5절 중

이스라엘의 목전에는 그들보다 강한 아낙자손이 있습니다. 우리 앞에는 우리보다 강한 세상이 늘 존재합니다. 세상은 우리가 건너야 할 강이요 넘어야 할 산이요 현실입니다. 하나님을 보지 못한 이스라엘은 세상을 무서워하며 두려워한 것입니다.

사람들은 현실과 적당히 타협하며 막연히 흐르는 시간으로 대안삼아 어리석은 자신을 위로합니다. 흐르는 시간은 우리의 삶을 이끌어 주지 않습니다. 우리는 우리 앞서 행하시는 하나님을 바라보아야 합니다. 우리 삶의

시작에서부터 우리를 인도하시는 하나님은 세상을 사는 우리에게 말씀하십니다. 무서워 말라 두려워하지 말라 내가 너와 함께 함이라. 아멘.

파수꾼

국가는 국민의 생명과 재산을 보호하고 지켜야 하는 의무와 책임이 있습니다. 국가의 지도자는 국민을 위해 봉사하고 국민은 국가의 이익을 위해 헌신합니다. 국민은 국가의 보호 아래 국민으로서의 권리와 함께 국가를 위한 의무를 다해야 합니다. 국가가 법을 만들고 군대를 세우는 것은 국민의 안녕을 보장하고 국가의 존립을 위해서입니다. 그러므로 군대는 국가와 국민의 생존을 위한 파수꾼인 것입니다. 세상 가운데는 하나님 나라와 백성을 지키는 하나님의 파수꾼이 있습니다.

인자야 내가 너로 이스라엘 족속의 파수꾼을 삼음이 이와 같으니라 그런즉 너는 내 입의 말을 듣고 나를 대신하여 그들에게 경고할지어다 가령 내가 악인에게 이르기를 악인아 너는 정녕 죽으리라 하였다 하자 네가 그 악인에게 말로 경고하여 그 길에서 떠나게 아니하면 그 악인은 자기 죄악 중에서 죽으려니와 내가 그 피를 네 손에서 찾으리라 그러나 너는 악인에게 경고하여 돌이켜 그 길에서 떠나라고 하되 그가 돌이켜 그 길에서 떠나지 아니하면 그는 자기 죄악 중에서 죽으려니와 너는 네 생명을 보전하리라

에스겔 33장 7절~9절

하나님이 시대시대마다 파수꾼을 불러 세우시는 것은 하나님의 말씀을 바로 전하기 위함입니다. 하나님은 선지자 에스겔을 세워 이스라엘에게 바벨론 제국의 침략을 경고했던 것입니다. 하나님이 세상 가운데 파수꾼을 세우시는 것은 구원 얻을 생명의 보존과 그 영혼을 지키시기 위함입니다. 하나님이 세우신 파수꾼은 멀리 보되 자세히 살피는 자요 닥칠 일을 알리되 일깨우는 자입니다.

> 아들을 낳으리니 이름을 예수라 하라 이는 그가 자기백성을 저희 죄에서 구원할 자이심이라 하니라
>
> 마태복음 1장 21절

> 예수께서 나아와 일러 가라사대 하늘과 땅의 모든 권세를 내게 주셨으니 그러므로 너희는 가서 모든 족속으로 제자를 삼아 아버지와 아들과 성령의 이름으로 침례를 주고 내가 너희에게 분부한 모든 것을 가르쳐 지키게 하라 볼지어다 내가 세상 끝 날까지 너희와 항상 함께 있으리라 하시니라
>
> 미데복음 28장 18절~20절

하나님은 우리 영혼의 소성을 위한 우리의 회개를 촉구하시기 위해 주님을 보내셨습니다. 하나님께서 보내신 예수님은 우리가 죄로부터 해방되도록 하시는 구원의 사명자입니다. 하나님의 파수꾼은 우리의 허물과 죄와 심판을 경고하여 악으로부터 떠나게 하는 자입니다.

하나님은 구원을 목적으로 파수꾼을 부르시고 우리 가운데 세우십니

다. 우리의 구원은 매일매일 주님과의 관계 속에서 세상에서 진행되는 것입니다. 세상에서 파수꾼은 우리에게 주님의 뜻을 전하고 우리가 그것을 깨달아 알기 위해 존재합니다. 하나님의 파수꾼은 하나님의 말씀을 그대로 받아 전하되 확신 있게 전하는 사명자입니다.

> … 예수께서 시몬 베드로에게 이르시되 요한의 아들 시몬아 네가 이 사람들보다도 나를 더 사랑하느냐 하시니 가로되 주여 그러하외다… 내 어린 양을 먹이라 하시고… 내 양을 치라 하시고… 내 양을 먹이라
>
> 요한복음 21장 15절~17절

> 단 마음으로 섬기기를 주께 하듯 하고 사람들에게 하지 말라
>
> 에베소서 6장 7절

파수꾼은 하나님이 사용하시는 도구요 하나님의 대행자입니다. 파수꾼은 하나님의 마음과 하나님의 말씀으로 늘 준비된 사람입니다. 파수꾼은 하나님의 말씀을 듣고 읽고 깨달아 지켜 살아가는 사람입니다. 파수꾼은 요동치는 세상에서 자신의 영혼을 끊임없이 살피는 사람입니다. 파수꾼은 하나님의 양을 찾아 하늘양식으로 죽어가는 영혼을 다시 살리는 사람입니다. 파수꾼은 죄의 용서를 위한 회개와 복음을 전하는 사람입니다.

세상에는 확신 없는 구원과 거짓 확신을 가진 세상을 전하는 파수꾼 아닌 나팔수들이 많습니다. 주 예수 그리스도의 복음이 아닌 거짓 복음으로 영혼을 멸망으로 인도하는 거짓 나팔수들이 많습니다. 사람들이 모이고

흩어진 그곳에는 부패와 타락과 죄가 쌓여 심판의 대상인 사망만이 남습니다.

> 무리를 보시고 민망히 여기시니 이는 저희가 목자 없는 양과 같이 고생하며 유리함이라
>
> **마태복음 9장 36절**

영적 파수꾼은 세상과 교회와 이웃을 향하여 참된 하나님의 진리를 전하는 사람입니다. 영적 파수꾼은 세상에서 사람의 말이 아닌 하나님의 말씀을 순전히 전하는 대언자입니다.

여호와만 섬기라

사람은 저마다 자신의 뜻(Will)를 가지고 있습니다. 사람의 모든 행동은 자신의 의지(Will)에서 나오는 것입니다. 사람의 의지는 자신의 확신과 신념입니다. 신앙이란 신뢰하는 자신의 의지(Will)를 바탕으로 하는 믿음입니다. 사람들 중에는 신앙은 인간의 자유의지를 억압하거나 박탈하는 것으로 생각하는 사람들이 있습니다. 대부분의 사람들은 믿음의 유무에 관계없이 자신의 의지에 따라서 살아갑니다. 믿음이 없는 사람들은 철저한 자기 의지를 반영하는 신앙에 대하여 비판적으로 바라봅니다.

이스라엘아 들으라 우리 하나님 여호와는 오직 하나인 여호와시니 너는 마음을 다하고 성품을 다하고 힘을 다하여 네 하나님 여호와를 사랑하라

신명기 6장 4절, 5절

주도 하나이요 믿음도 하나이요 세례도 하나이요 하나님도 하나이시니 곧 만유의 아버지시라 만유 위에 계시고 만유를 통일하시고 만유 가운데 계시도다

에베소서 4장 5절, 6절

세상에는 유일한 존재인 하나님을 믿는 사람들과 그 외의 것들을 믿음의 대상으로 하는 종교인이 있습니다. 신앙은 자신의 자유 의지에 따른 신념이요 선택입니다. 믿음 또는 신앙은 타인의 억압이나 박탈이나 강요가 아닌 자신의 자유의지(Will)에 기초합니다.

세상에 있는 수많은 우상들을 믿는 자들은 세상에 대하여 관대하며 타협적이고 수용적입니다. 우상을 믿는 자는 하나님을 믿는 자를 편협하고 이기적이고 독선적 종교를 소유한 사람으로 취급하곤 합니다. 하나님의 신앙은 일체의 타협을 배제한 자신과 하나님과의 철저한 절대적 관계로 형성되기 때문입니다. 세상에서 사람과 우상이 아닌 하나님만을 믿는 참된 믿음의 삶인 신앙의 길이 외롭고 힘든 이유입니다.

> 그러므로 이제는 여호와를 경외하며 성실과 진정으로 그를 섬길 것이라 너희의 열조가 강 저편과 애굽에서 섬기던 신들을 제하여 버리고 여호와만 섬기라 만일 여호와를 섬기는 것이 너희에게 좋지 않게 보이거든 너희 열조가 강 저편에서 섬기던 신이든지 혹 너희의 거하는 땅 아모리 사람의 신이든지 너희 섬길 자를 오늘날 택하라 오직 나와 내 집은 여호와를 섬기겠노라
>
> 여호수아 24장 14절, 15절

> 엘리야가 모든 백성에게 가까이 나아가 이르되 너희가 어느 때까지 두 사이에서 머뭇머뭇 하려느냐 여호와가 만일 하나님이면 그를 좇고 바알이 만일 하나님이면 그를 좇을지니라 하니 백성이 한말도 대답지 아니하는지라
>
> 열왕기상 18장 21절

하나님이 이스라엘을 부르신 것은 자기백성으로 부르신 것이며 자신만을 섬기기 위함입니다. 그러나 이스라엘은 유일하신 하나님과 함께 세상의 여러 이방신들도 함께 섬긴 것입니다. 그들은 하나님과 우상 사이에서 하나님을 시험하고 불평하고 원망한 것입니다.

오늘에 이르기까지 선민 이스라엘은 하나님만 섬기는 신앙에 미치지 못하는 게 사실입니다. 하나님은 오늘 우리 모두에게 만유 가운데 하나이신 여호와 하나님만 섬기기를 원하십니다. 참신앙이란 하나님과 하나님이 아닌 우상 중에서 하나님만을 택하는 것입니다. 하나님이 아닌 세상과 세상에 있는 이방신들은 사람들의 뜻에 따라 이합집산하는 사람을 위한 종교입니다.

> 한 사람이 두 주인을 섬기지 못할 것이니 혹 이를 미워하며 저를 사랑하거나 혹 이를 중히 여기며 저를 경히 여김이라 너희가 하나님과 재물을 겸하여 섬기지 못하느니라
>
> 마태복음 6장 24절

> 이에 예수께서 제자들에게 이르시되 아무든지 나를 따라오려거든 자기를 부인하고 자기 십자가를 지고 나를 좇을 것이니라
>
> 마태복음 16장 24절

세상을 섬기는 사람들은 세상일과 세상 사람들의 관심에 연연하며 분주합니다. 세상을 섬기는 사람들은 사리사욕에 밝아 세상의 것들을 모으고 줍고 담기에 열심입니다. 세상을 섬기는 사람들의 모습은 죄인의 모습

이요 거짓과 탐욕과 불의가 차고 넘치는 모습입니다. 빛과 어두움이 공존할 수 없듯이 하나님과 우상을 함께 섬길 수 없는 것입니다. 여호와 하나님만 섬기는 삶이란 하나님이 나의 주인이요 내 중심에 하나님이 계시는 삶을 말합니다. 하나님만 섬기는 삶의 열매는 주님이 주시는 화목과 평강입니다.

> 새 포도주를 낡은 가죽 부대에 넣는 자가 없나니 만일 그렇게 하면
> 새 포도주가 부대를 터뜨려 포도주와 부대를 버리게 되리라 오직 새
> 포도주는 새 부대에 넣느니라 하시니라
>
> 마가복음 2장 22절

하나님을 섬기는 자는 몸과 맘이 같고 겉과 속이 같고 생각과 행함이 같아야 합니다. 하나님을 섬기는 자는 세상의 가치관과 사고방식과 생활방식으로부터 벗어나야 합니다. 하나님을 섬기는 자는 자아를 비우고 그곳에 하나님의 겸손을 채워야 합니다. 하나님만을 섬긴다는 것은 주님이 마신 영혼을 위한 십자가의 고난의 잔도 기쁘게 마시는 삶입니다.

> 인자가 온 것은 섬김을 받으려 함이 아니라 도리어 섬기려 하고 자기
> 목숨을 많은 사람의 대속물로 주려 함이니라
>
> 마태복음 20장 28절

소금 되어 빛 되어

우리는 만물 가운데 사람으로서 살아갑니다. 우리에게는 사람만이 가지고 있는 본질적 특성이 있습니다. 사람의 본질적 특성은 셀 수 없이 존재하는 다른 만물과는 구별되는 것입니다. 우리가 만약 동물이나 식물처럼 살아간다면 인간으로서의 본질적 특성은 상실된 것입니다. 우리 사람이 존재하는 것은 사람으로서의 가치를 나타내기 위한 것입니다. 우리가 만물 가운데 존재하는 것은 우리의 가치를 세상에 나타내기 위한 것입니다.

> 너희는 세상의 소금이니 소금이 만일 그 맛을 잃으면 무엇으로 짜게 하리요 후에는 아무 쓸데없어 다만 밖에 버리워 사람에게 밟힐 뿐이니라 너희는 세상의 빛이라 산 위에 있는 동네가 숨기우지 못할 것이요 사람이 등불을 켜서 말 아래 두지 아니하고 등경 위에 두나니 이러므로 집안 모든 사람에게 비치느니라 이같이 너희 빛을 사람 앞에 비치게 하여 저희로 너희 착한 행실을 보고 하늘에 계신 너희 아버지께 영광을 돌리게 하라
>
> 마태복음 5장 13절~16절

세상은 사람들의 가치실현의 공간이요 일생은 그것을 실현하는 시간입

니다. 세상의 많은 사람들은 세상의 가치와 자신의 가치를 동일시하며 살아갑니다. 그리스도인 역시 세상에 살고 세상에서 자신의 존재 가치를 나타냅니다. 그러나 그리스도인은 세상이 아닌 그리스도에 속한 사람입니다. 따라서 그리스도인은 이 땅에서 하늘 백성으로서 가치를 실현하며 살아갑니다. 하나님을 아버지로 삼고 사는 하늘 백성은 이 땅에서 빛과 소금 되어 살아갑니다.

> 예수께서 또 일러 가라사대 나는 세상의 빛이니 나를 따르는 자는 어두움에 다니지 아니하고 생명의 빛을 얻으리라
>
> 요한복음 8장 12절

> 내가 세상에 있는 동안에는 세상의 빛이로라
>
> 요한복음 9장 5절

> 너희가 전에는 어두움이더니 이제는 주안에서 빛이라 빛의 자녀들처럼 행하라
>
> 에베소서 5장 8절

> 이는 너희가 흠이 없고 순전하여 어그러지고 거스르는 세대 가운데서 하나님의 흠 없는 자녀로 세상에서 그들 가운데 빛들로 나타내며
>
> 빌립보서 2장 15절

빛은 하나님의 본질적 특성입니다. 하나님은 참되시고 선하시고 의로우

시고 거룩하십니다. 어두움은 죄 가운데 놓인 세상의 본질적 특성입니다.

어두움 가운데 빛으로 오신 분이 예수님입니다. 빛이 이 땅에 온 것은 어두운 세상을 비추기 위함입니다. 예수님은 세상의 어둠 속에서 우리가 빛으로 서기를 원하십니다. 예수님은 우리가 세상의 본질을 밝히는 빛의 자녀로 살기를 원하십니다.

빛은 어둠을 사르고 어둠은 빛으로 소멸됩니다. 어둠이 깊을수록 빛은 더욱 빛을 발합니다. 빛은 우리의 길을 밝히고 주위를 환하게 하고 생명들에게 온기를 채워 줍니다. 빛은 참과 거짓을 드러내며 세상을 사는 우리에게 살아갈 소망이 됩니다.

> 그것으로 향을 만들되 향 만드는 법대로 만들고 그것에 소금을 쳐서 성결하게 하고
>
> 출애굽기 30장 35절

> 소금이 좋은 것이나 소금도 만일 그 맛을 잃었으면 무엇으로 짜게 하리요 땅에도 거름에도 쓸데없어 내어 버리느니라 들을 귀가 있는 자는 들을지어다 하시니라
>
> 누가복음 14장 34절, 35절

예수님은 우리가 세상을 변화시키는 삶을 살아가기 원하십니다. 세상의 변화는 자신의 변화 없이는 결코 변하지 않습니다. 세상이 하나님나라가 되기 전에 우리가 먼저 하나님나라요 하늘 백성이 되어야 합니다. 그리스도인이 그리스도의 것이 아니면 우리에게는 그리스도의 향기가 없는

것입니다. 세상을 변화시키는 능력은 우리에게 있지 않고 주님으로부터 오는 것입니다. 그리스도는 복음이요 능력의 말씀이요 빛입니다. 우리는 그리스도로부터 온 이 세상의 빛이요 소금입니다. 우리는 날마다 죽고 죽어 그 자리에 예수의 생명으로 피어납니다.

우리가 항상 예수 죽인 것을 몸에 짊어짐은 예수의 생명도 우리 몸에 나타나게 하려 함이라

고린도후서 4장 10절

기도하라

우리가 '살아 있다' 또는 '살아간다'는 것은 우리 안에 생명이 있다는 것을 말합니다. 생명이 있어 존재하는 모든 것은 그 속에 에너지가 있다는 것입니다. 에너지는 어떤 것을 할 수 있는 기운 또는 힘입니다. 사람의 생명 유지는 지속적인 호흡으로 가능한 것입니다. 사람의 생물학적 생존은 산소의 공급이 없으면 전혀 불가능한 것입니다. 사람의 생명을 위해서는 산소가 절대적인 에너지요 힘인 것입니다.

하나님의 영적 자녀로 살아가는 사람에게는 생존에 필요한 특별한 만남이 있습니다. 하나님의 자녀는 하나님의 보호와 인도로 살아갑니다. 하나님의 자녀는 하나님과 끊임없는 대화와 교제로 살아갑니다. 사람이 볼 수 없는 하나님을 우리가 특별히 만날 수 있는 것은 영적통로인 기도입니다. 기도는 하나님의 자녀가 하나님과 함께 살아갈 수 있는 힘이요 에너지요 생명입니다.

예수께서 나가사 습관을 좇아 감람산에 가시매 제자들도 좇았더니 그곳에 이르러 저희에게 이르시되 시험에 들지 않기를 기도하라 하시고 저희를 떠나 돌 던질 만큼 가서 무릎을 꿇고 기도하여 가라사대 아버지여 만일 아버지의 뜻이어든 이 잔을 내게서 옮기시옵소서 그

러나 내 원대로 마옵시고 아버지의 원대로 되기를 원하나이다 하시
니 사자가 하늘로부터 예수께 나타나 힘을 돕더라 예수께서 힘쓰고
애써 더욱 간절히 기도하시니 땀이 땅에 떨어지는 피방울같이 되더
라 기도 후에 일어나 제자들에게 가서 슬픔을 인하여 잠든 것을 보시
고 이르시되 어찌하여 자느냐 시험에 들지 않게 일어나 기도하라 하
시니라

누가복음 22장 39절~46절

우리에게는 육신의 생존을 위한 것과 영적인 생존을 위한 것이 있습니
다. 우리에게는 육신을 위한 육적호흡과 영혼을 위한 영적호흡이 있습니
다. 기도는 우리 영혼의 호흡입니다. 하나님의 자녀의 소망은 하늘에 있
고 그 소망을 이룰 수 있는 힘은 하늘로부터 오는 것입니다.

하나님의 자녀는 하늘에 계시는 아버지 하나님을 전적으로 의지하는
사람입니다. 하나님의 자녀는 죄의 회개와 바라는 소망과 은혜의 감사를
예수 그리스도의 이름을 의지해서 하나님께 기도하는 사람입니다.

하나님의 자녀가 하나님께 나아가는 유일한 길은 그리스도를 통한 기
도입니다. 하나님 아버지와의 믿음과 대화의 방법에는 아들 되시는 예수
그리스도도 예외는 아닙니다. 하나님 아버지 앞에 예수님도 인류 구원을
위한 대속의 죽음을 위한 도우심을 간절히 기도한 것입니다. 기도는 하나
님께 드리는 우리의 순종의 발로요 힘을 얻는 통로입니다.

또 너희가 기도할 때에 외식하는 자와 같이 되지 말라 저희는 사람에
게 보이려고 회당과 큰 거리 어귀에 서서 기도하기를 좋아하느니라

내가 진실로 너희에게 이르노니 저희는 자기 상을 이미 받았느니라
너는 기도할 때에 네 골방에 들어가 문을 닫고 은밀한 중에 계신 네
아버지께 기도하라 은밀한 중에 보시는 네 아버지께서 갚으시리라

마태복음 6장 5절~6절

기도는 하나님께 자신의 모든 것을 있는 그대로 내려놓는 겸손입니다. 우리 가운데는 하나님께 영광을 돌리려는 자와 사람들에게 영광을 얻으려는 자가 있습니다. 외식하는 자의 기도는 자신을 숨기고 하나님이 아닌 사람을 의식하는 기도입니다. 외식하는 자의 기도는 남에게 하나님이 아닌 자신을 믿게 하는 기도입니다. 외식하는 자의 기도는 내가 아닌 다른 사람으로 가장하여 외식하는 기도입니다.

우리에게는 일체의 시험을 이기기 위한 기도가 필요합니다. 우리는 하나님이 주시는 시험과 사단으로부터 오는 유혹을 이겨야 하기 때문입니다. 하나님의 시험은 우리를 연단시키나 사단의 유혹은 우리를 하나님으로부터 떠나게 하는 것입니다. 우리는 하나님의 시험을 이기는 인내를 위해 기도해야 합니다. 우리는 사단의 유혹에 실족하지 않도록 기도해야 합니다.

모든 기도와 간구로 하되 무시로 성령 안에서 기도하고 이를 위하여
깨어 구하기를 항상 힘쓰며 여러 성도를 위하여 구하고

에베소서 6장 18절

우리는 살기 위해 호흡하는 것이 아니라 호흡하면서 살아갑니다. 하나님의 자녀의 기도는 영원한 생명을 위한 호흡입니다. 우리는 종종 일상의

어려움이 없을 때에는 기도하지 않는 경향이 있습니다. 기도는 어렵고 힘들 때도 해야 하지만 언제나 아무 때나 해야 하는 날숨과 들숨입니다. 호흡이 없으면 생명이 그치듯 기도가 중단되면 그것은 곧 영적 사망입니다. 기도는 자신의 뜻대로가 아닌 하나님의 뜻대로 되기를 원하는 간구입니다. 기도는 나에게 없는 것을 하나님이 주시는 것으로 채우기 위해 온힘으로 나아가는 고백입니다.

그러므로 너희는 이렇게 기도하라 하늘에 계신 우리 아버지여 이름이 거룩히 여김을 받으시오며 나라이 임하옵시며 뜻이 하늘에서 이룬 것같이 땅에서도 이루어질지어다 오늘날 우리에게 일용할 양식을 주옵시고 우리가 우리에게 죄지은 자를 사하여 준 것같이 우리 죄를 사하여 주옵시고 우리를 시험에 들게 하지 마옵시고 다만 악에서 구하옵소서(나라와 권세와 영광이 아버지께 영원히 있사옵나이다 아멘)

마태복음 6장 9절~13절

때가 이르면…

모든 일에는 기한이 있습니다. 시작이 있으면 끝이 있듯이 뿌릴 때가 있고 거둘 때가 있습니다. 모든 일의 끝에는 슬픔과 기쁨이 있고 실패와 성공이 있고 불행과 행복이 있습니다. 마지막에 눈물을 흘리는 사람과 마지막에 웃음을 짓는 사람이 있습니다. 모든 사람들은 마지막에 웃을 수 있는 웃음을 머금고 모든 일들을 시작합니다.

> 대답하여 가라사대 천국의 비밀을 아는 것이 너희에게는 허락되었
> 으나 저희에게는 아니 되었나니 예수께서 그들 앞에 또 비유를 베풀
> 어 가라사대 천국은 좋은 씨를 제 밭에 뿌린 사람과 같으니
>
> 마태복음 13장 11절, 24절

예수님이 오셔서 말씀하기까지 우리는 천국을 알지 못했습니다. 천국은 우리가 지금까지 들어 보지 못한 낯선 나라입니다. 씨 뿌리는 사람의 비유는 천국을 설명하는 예수님의 많은 비유 가운데 하나입니다.

천국(The Kingdom of heaven)은 하나님이 통치하는 하나님의 나라입니다. 하나님의 나라는 사람이 주인이 아닌 하나님이 주인인 나라입니다. 세상은 타락한 사람을 지배하는 사단이 역사하는 나라입니다.

천국의 씨는 뿌리는 자만이 때가 이르면 결실을 하는 것입니다. 결실을 위해 우리는 수고하고 땀 흘리며 모든 희생을 감내합니다. 그리고 마지막에 결실하는 자는 웃는 자요 승리자입니다.

세상은 선한 자와 악한 자가 공존하는 혼탁한 곳입니다. 세상에는 가라지를 뿌리는 자는 불법을 행하는 악한 자요 마귀의 자녀입니다. 세상에는 길 잃고 헤매는 자와 가야 할 길을 찾아 가는 자가 있습니다.

세상에는 우는 자와 웃는 자가 있고 어둠 속을 걷는 자와 빛 가운데 나아가는 자가 있습니다. 천국을 아는 자와 알 수 없는 자가 있고 천국을 예비한 자가 있습니다.

> 이때부터 예수께서 비로소 전파하여 가라사대 회개하라 천국이 가까이 왔느니라 하시더라
>
> 마태복음 4장 17절

> 가라사대 때가 찼고 하나님 나라가 가까왔으니 회개하고 복음을 믿으라 하시더라
>
> 마가복음 1장 15절

> 그러나 내가 하나님의 성령을 힘입어 귀신을 쫓아내는 것이면 하나님의 나라가 이미 너희에게 임하였느니라
>
> 마태복음 12장 28절

하나님과 예수님과 성령님은 영원에서 영원까지 함께하십니다. 주님은

하나님의 나라에서 이 땅에 천국으로 오셨습니다. 주님의 오심은 곧 이 땅에 하나님의 나라의 시작을 선포하는 것입니다. 주님은 이 땅에 천국의 씨를 뿌리는 하늘농부입니다. 우리는 세상 가운데 하늘의 열매 맺는 좋은 씨요 하나님 나라의 백성입니다. 우리는 천국의 아들이요 딸이요 거룩한 성도입니다.

> 각각 자기의 짐을 질 것임이라 가르침을 받는 자는 말씀을 가르치는 자와 모든 좋은 것을 함께하라 스스로 속이지 말라 하나님은 만홀히 여김을 받지 아니하시나니 사람이 무엇으로 심든지 그대로 거두리라 자기의 육체를 위하여 심는 자는 육체로부터 썩어진 것을 거두고 성령을 위하여 심는 자는 성령으로부터 영생을 거두리라 우리가 선을 행하되 낙심하지 말지니 피곤하지 아니하면 때가 이르매 거두리라
>
> **갈라디아서 6장 5절~9절**

우리들의 추수는 오늘이 끝이 아닙니다. 우리들의 수고와 결실은 밭의 주인이 오시기까지 계속됩니다. 우리가 땅에서 흘린 피와 땀과 눈물의 결실은 온전히 하늘에 있는 것입니다. 이 땅에서부터 시작한 우리의 천국 여정은 하나님의 나라에 이르기까지 나아갑니다. 회개에서부터 시작한 아버지나라를 향한 긴 여정은 때가 이르면 영광의 큰 기쁨이 됩니다.

하나님이 내게 가까이

사람들은 사회적 관계 속에서 살아갑니다. 사회적 관계는 공동의 이익을 목적으로 살아가는 관계입니다. 우리의 인간관계는 이렇듯 서로를 위해 서로가 필요한 관계를 맺으며 살아갑니다. 그러나 우리의 실재 삶의 현장은 먹고 먹히는 야생의 밀림처럼 치열합니다. 우리의 치열한 생존경쟁은 보다 신중한 목적지향적 인간관계를 원하게 합니다. 적자생존의 물질문명은 선택적 인간관계를 요구합니다.

> 여호와께서는 자기에게 간구하는 모든 자 곧 진실하게 간구하는 모든 자에게 가까이하시는도다
> 저는 자기를 경외하는 자의 소원을 이루시며 또 저희 부르짖음을 들으시 **구원하시리로디**
> 여호와께서 자기를 사랑하는 자는 다 보호하시고 악인은 다 멸하시리로다
>
> 시편 145편 18절~20절

우리는 하나님을 알고는 있지만 다만 부분적으로 알고 있을 뿐입니다. 정확히 말하면 우리는 하나님을 잘 알지 못하거나 오해하고 있는 것입니

다. 많은 사람들은 사랑이신 하나님은 모든 것을 사랑하신다고 잘못 알고 있습니다. 하나님은 모든 사람에게 햇빛과 비를 주시지만 구원은 아무에게나 베풀지 않으십니다. 하나님은 하나님의 사람은 끝까지 사랑하시지만 대적하는 사단의 사람은 반드시 멸하십니다. 하나님은 하나님을 사랑하는 자나 싫어하는 자에게 합당하게 대해 주실 뿐입니다. 하나님은 사랑과 공의의 하나님이시기 때문입니다.

하나님은 사람들에게 어떤 것도 강요하거나 구걸하거나 동정을 원하는 분이 아니십니다. 하나님은 모든 사람에게 합당하고 공정하게 대하시는 공평하신 분이십니다. 세상 사람들은 자신의 행복과 성공과 자유를 누리기 위해 매우 영리하게 살아갑니다. 세상에서 사람들은 승리의 고지를 선점하기 위해 치열한 삶을 살아갑니다. 세상에서 사람들은 얻고자 하는 그것을 위해서 선택적인 인간관계를 중시합니다. 하나님은 세상에서 우리가 맺은 삶의 열매를 보시고 은혜와 심판을 베푸십니다. 우리는 필경 세상을 이기는 자 아니면 지는 자입니다.

> 근신하라 깨어라 너희 대적 마귀가 우는 사자같이 두루 다니며 삼킬
> 자를 찾나니
>
> 베드로전서 5장 8절

우리가 이기는 것은 싸움에서 이기는 것입니다. 우리는 이기기 위해 싸워야 할 상대를 알아야 합니다. 이기는 싸움은 내가 상대보다 강할 때 이기는 것입니다. 이기는 싸움은 상대방이 나보다 강할 때 상대방보다 더 강한 자를 의지하는 것입니다. 우리의 상대는 우리 힘으로 이길 수 없는

하나님까지도 대적하는 세상에 역사하는 사단입니다. 하나님은 영원에서 영원까지 시공을 초월하여 우주 전 영역을 다스리는 주권자이십니다. 이기기를 원하는 우리가 하나님을 가까이 해야 하는 마땅한 이유입니다.

> 조각한 우상을 의뢰하며 부어 만든 우상을 향하여 너희는 우리의 신
> 이라 하는 자는 물리침을 받아 크게 수치를 당하리라
>
> 이사야 42장 17절

> 대저 재물은 영영히 있지 못하나니 면류관이 어찌 대대에 있으랴
>
> 잠언 27장 24절

하나님은 간절히 하나님께 구하는 자를 가까이하십니다. 하나님께 구하는 자는 하나님을 전적으로 신뢰하고 의지합니다. 하나님은 연약한 인간의 능력과 우상을 의지하는 자는 가까이하지 않으십니다. 하나님은 쇠하고 상하고 썩어져 가는 세상을 의지하는 자에게는 가까이 하지 않으십니다. 하나님은 하나님을 경외하는 자를 가까이하십니다. 하나님을 경외하는 자는 하나님의 살아 계심과 우리 삶에 항상 함께하심을 의식하는 삶을 사는 자입니다.

> 하나님께서 각 사람에게 그 행한 대로 보응하시되 참고 선을 행하여
> 영광과 존귀와 썩지 아니함을 구하는 자에게는 영생으로 하시고
>
> 로마서 2장 6절~7절

하나님을 사랑하는 자는 하나님을 위한 삶을 사는 자입니다. 하나님과 우리의 관계는 믿음과 사랑이 결합된 영생을 위한 운명 공동체입니다. 하나님은 우리에게 독생자 예수 그리스도를 아낌없이 내어 주신 하늘아버지이십니다. 하나님은 영원한 생명을 얻고자 하는 우리에게 생명까지 내어 주신 주님입니다.

빛과 어둠

우주 만물 가운데는 결코 하나가 될 수 없는 존재가 있습니다. 그것은 빛과 어둠입니다. 빛과 어둠은 인류사 속에서 끊임없는 투쟁을 해 오고 있습니다. 빛은 하나님이요 어둠은 세상 가운데 역사하는 사단의 세력입니다.

구원의 역사는 하나님과 사단의 쟁투의 역사입니다. 우리는 누가 우주 만물과 인류의 생사화복을 주관하는 주인인지를 알아야 합니다. 물과 불로 시작한 인류의 문명은 오늘날 오히려 물과 불로 위기를 맞이하고 있습니다. 인류의 행복을 위한 끝없는 문명의 발달은 인류의 생존에 심각한 위협이 되고 있는 것입니다.

브레이크 없는 문명의 질주는 이상기온으로 인한 기후변화와 자연 질서의 파괴를 야기하고 있습니다. 우주 질서의 파괴는 해수면의 상승과 땅의 황폐화로 지구 환경과 생태계의 큰 변화를 초래하고 있습니다. 많은 사람들이 생존을 위해 정치적 경제적 사회적 환경적인 난민이 되어 떠돌고 있습니다. 삶과 죽음의 갈림길에서 수많은 사람들이 방향을 잃고 헤매고 있는 것입니다. 진리와 비진리 가운데서 사람들은 분별력을 상실한 것입니다.

인류 문명은 궁극적으로 인류의 파멸을 야기하게 될 것입니다. 하나님의 말씀인 성경은 세상 가운데 이루어져 가는 구원의 시작부터 마지막까지의 기록입니다. 세상의 모든 사람들은 자신이 바라는 구원은 원하지만 하나님이 원하는 구원은 원치 않습니다. 많은 사람들은 빛 대신에 스스로 어둠을 선택합니다.

> 큰 이적을 행하되 심지어 사람들 앞에서 불이 하늘로부터 땅에 내려오게 하고… 땅에 거하는 자들을 미혹하며 땅에 거하는 자들에게 이르기를… 짐승을 위하여 우상을 만들라 하더라… 또 짐승의 우상에게 경배하지 아니하는 자는 몇이든지 다 죽이게 하더라 저가 모든 자 곧 작은 자나 큰 자나 부자나 빈궁한 자나 자유한 자나 종들로 그 오른손에나 이마에 표를 받게 하고 누구든지 이 표를 가진 자 외에는 매매를 못하게 하니 이 표는 곧 짐승의 이름이나 그 이름의 수라 지혜가 여기 있으니 총명 있는 자는 그 짐승의 수를 세어 보라 그 수는 사람의 수니 육백육십륙이니라
>
> 요한계시록 13장 13절~18절 중

분명한 것은 인류를 향한 하나님의 목표는 구원이요 짐승인 사단의 목표는 파멸이라는 것입니다. 어둠은 빛을 가리려하고 훼방하지만 어둠은 결코 빛을 이길 수 없습니다. 어둠이 이길 수 있는 것은 하나님과 함께하지 않는 세상과 세상을 사랑하는 사람입니다. 빛은 하나님이 인류에게 주신 주님을 믿는 믿음입니다. 우리가 어둠을 이기는 것은 항상 빛을 밝히고 있기 때문입니다. 우리가 세상을 이기는 것은 주 예수 그리스도를 믿는 믿음이 있기 때문입니다.

사단의 세력인 짐승은 하나님을 떠난 사람을 모으고 그 사람들로 하여금 자신을 추종케 합니다. 짐승도 하나님처럼 자신을 강요함으로 하나님이 주신 믿음을 빼앗아가기 위해 미혹과 이적을 행사합니다. 짐승은 사람들 앞에서 사람들을 의식하며 사람들로 하여금 사망길을 가도록하는 거짓 그리스도입니다. 짐승은 우리의 영적상태를 혼미케 하여 하나님대신 물질과 사람과 우상을 섬기게 함으로 우리의 마음을 도적질하는 강도입니다.

그때에 사람이 너희에게 말하되 보라 그리스도가 여기 있다 혹 저기 있다 하여도 믿지 말라 거짓그리스도들과 거짓 선지자들이 일어나 큰 표적과 기사를 보이어 할 수만 있으면 택하신 자들도 미혹하게 하리라

마태복음 24장 23절~24절

거짓 선지자들을 삼가라 양의 옷을 입고 너희에게 나아오나 속에는 노략질하는 이리라

미대복음 7장 15절

자녀들아 너희 자신을 지켜 우상에서 멀리하라

요한일서 5장 21절

하나님은 인류를 구원하시는 살아 계시는 빛입니다. 사단은 세상 가운데 역사하는 어둠입니다. 사단은 하나님을 미워하고 왜곡하고 훼방하는

거짓의 아비입니다.

우리는 하나님을 사랑하는 빛의 자녀입니다. 사단의 모든 세력은 우리를 하나님으로부터 분리케 하려는 모든 일에 분주합니다.

우리가 어둠을 이기는 길은 끝까지 빛을 밝히고 지속시키는 인내입니다. 우리는 하나님의 뜻과 참된 지혜와 능력으로 악한 것과 신령한 것을 분별해야 합니다. 우리는 하나님을 사랑하며 예수 그리스도를 믿는 믿음으로 매일매일 세상에서 승리해야 합니다.

그날이 가까움을 볼수록

그러므로 형제들아 우리가 예수의 피를 힘입어 성소에 들어갈 담력을 얻었나니 그 길은 우리를 위하여 휘장 가운데로 열어 놓으신 새롭고 산 길이요 휘장은 곧 저의 육체니라 또 하나님의 집 다스리는 큰 제사장이 계시매 우리가 마음에 뿌림을 받아 양심의 악을 깨닫고 몸을 맑은 물로 씻었으니 참 마음과 온전한 믿음으로 하나님께 나아가자 또 약속하신 이는 미쁘시니 우리가 믿는 도리의 소망을 움직이지 말고 굳게 잡아 서로 돌아보아 사랑과 선행을 격려하며 모이기를 폐하는 어떤 사람들의 습관과 같이 하지 말고 오직 권하여 그날이 가까움을 볼수록 더욱 그리하자

히브리서 10장 19절~25절

우리들은 지나간 날들은 회상하고 다가올 날들은 기다리며 살아갑니다. 다가올 날들을 기다리는 것은 인내를 필요로 하지만 이루어질 것에 대한 기대가 있는 것입니다.

주님을 믿고 사는 믿음의 사람들에게는 생애를 걸쳐 기다리는 것이 있습니다. 그것은 주님이 다시 오시는 재림의 날이요 우리가 하나님 앞에 나아가는 날입니다.

그날이 그토록 기다려지는 것은 우리에게 구원을 주시는 주님을 볼 수 있기 때문입니다. 히브리서 기자는 그날을 기다리는 모든 믿는 자들과 마음을 같이하고 있습니다. 그날은 말세에 이르는 날이요 세상의 마지막 고통의 때에 오는 날입니다.

그날은 분명히 오지만 아무도 그날을 알지 못하고 주님도 알지 못합니다. 하나님은 그날을 예정하셨고 우리는 그 길을 주님을 따라 나아갑니다. 성경의 마지막 글을 기록한 사도 요한의 간절한 소망에 우리도 마음을 모아 함께하는 것입니다. 아멘, 주 예수여, 오시옵소서.

> 예수께서 가라사대 내가 곧 길이요 진리요 생명이니 나로 말미암지 않고는 아버지께로 올 자가 없느니라 너희가 나를 알았더면 내 아버지도 알았으리로다 이제부터는 너희가 그를 알았고 또 보았느니라
>
> 요한복음 14장 6절~7절

> 믿음의 주요 또 온전케 하시는 이인 예수를 바라보자 저는 그 앞에 있는 즐거움을 위하여 십자가를 참으사 부끄러움을 개의치 아니하시더니 하나님 보좌 우편에 앉으셨느니라
>
> 히브리서 12장 2절

세상의 마지막 때를 사는 우리의 관심은 가까이 다가오는 그날의 시간이 아닙니다. 우리에게 중요한 것은 그날을 최선을 다해 준비하는 우리 마음의 자세입니다. 우리는 그날이 가까움을 볼수록 예수를 바라보고 예수를 생각하며 예수께 집중해야 하는 것입니다. 왜냐하면 우리가 하나님께 나

아갈 수 있는 길은 오직 주님을 통한 속죄를 얻는 것이기 때문입니다.

> 불법이 성하므로 많은 사람의 사랑이 식어지리라 그러나 끝까지 견디는 자는 구원을 얻으리라… 그러므로 깨어 있으라 어느 날에 너희 주가 임할는지 너희가 알지 못함이니라 너희도 아는 바니 만일 집 주인이 도적이 어느 경점에 올 줄을 알았다면 깨어 있어 그 집을 뚫지 못하게 하였으리라 이러므로 너희도 예비하고 있으라 생각지 않은 때에 인자가 오리라
>
> 마태복음 24장 12절~13절, 42절~44절

그날이 가까울수록 세상은 앞다투어 악행을 도모하고 무정하며 서로 미워함이 가득합니다. 사람들은 쾌락에 취해 영육의 불경건함은 매일의 일상입니다. 주님이 다시 오시는 그날을 예비하는 우리들이 가지고 나아가야 할 것은 마음과 믿음입니다.

그날을 소망하는 자는 더욱 참마음과 온전한 믿음을 지켜야 합니다. 우리의 마음은 주님의 보혈로 깨끗케 된 참마음이어야 합니다. 우리의 믿음은 구원과 영생을 받을 만한 온전한 믿음이어야 합니다. 믿음은 세상이나 인간관계가 아닌 오직 하나님과의 관계에서 온전하게 되는 것입니다.

주님이 임할 때 우리는 기쁨과 담대함으로 주님 앞에 서야 합니다. 그날이 가까움을 볼수록 주님을 예비하는 자들은 깨어 있어 자신을 살피고 돌아보아야 하는 것입니다. 때가 이를수록 세상은 이기와 정욕과 유혹이 넘치고 각 사람들은 홀로 또는 제각각 분주합니다.

우리는 말씀으로 하나 되어 주안에서 성령 공동체를 이루어야 합니다.

우리는 하나님의 사랑과 예수의 믿음으로 끝까지 인내하며 주님의 약속을 붙들어야 합니다. 믿음의 푯대인 주님의 약속은 우리의 소망인 구원입니다.

이를 위하여 우리가 수고하고 진력하는 것은 우리 소망을 살아 계신
하나님께 둠이니 곧 모든 사람 특히 믿는 자들의 구주시라

디모데전서 4장 10절

세상을 이기는 자는 누구인가

예수께서 그리스도이심을 믿는 자마다 하나님께로서 난 자니 또한
내신 이를 사랑하는 자마다 그에게서 난 자를 사랑하느니라 우리가
하나님을 사랑하고 그의 계명을 지킬 때에 이로써 우리가 하나님의
자녀 사랑하는 줄을 아느니라 하나님을 사랑하는 것은 이것이니 우
리가 그의 계명들을 지키는 것이라 그의 계명들은 무거운 것이 아니
로다 대저 하나님께로서 난 자마다 세상을 이기느니라 세상을 이긴
이김은 이것이니 우리의 믿음이니라

요한일서 5장 1절~4절

인생들의 삶의 무대인 세상은 망망대해요 끝없는 가시밭길입니다. 우
리네 인생들의 삶이 고난의 연속인 것은 세상이 그러한 무대이기 때문입니
다. 인생들은 세상에서 성공과 실패를 반복합니다. 세상을 지배하는 악
한 영은 실패를 목적으로 성공을 수단화합니다. 세상이 내어 주는 오늘의
성공이 내일을 보장하지 않는 것입니다. 어느새 어제보다 더 험한 세상이
우리 앞에 다가와 있기 때문입니다.

인생들의 성공이란 세상을 이기는 것이요 실패는 지는 것입니다. 세상
은 믿음으로 이기는 것이요 이기는 자는 하나님의 자녀입니다. 세상을 이

기는 하나님의 자녀는 하나님이 보내신 예수 그리스도를 믿는 자입니다. 세상은 예수가 우리에게 구원을 주시는 구세주이심을 믿는 자만 이길 수 있습니다.

세상을 구원하는 자에게만 세상이 굴복하기 때문입니다.

> 이것을 너희에게 이름은 너희로 내 안에서 평안을 누리게 하려 함이
> 라 세상에서는 너희가 환난을 당하나 담대하라 내가 세상을 이기었
> 노라 하시니라
>
> 요한복음 16장 33절

> 너희가 나를 사랑하면 나의 계명을 지키라
>
> 요한복음 14장 15절

> 예수께서 하나님의 아들이심을 믿는 자가 아니면 세상을 이기는 자
> 가 누구뇨
>
> 요한일서 5장 5절

우리는 세상에서 실패가 아닌 성공을 원합니다. 그러나 사람들은 세상을 성공으로 이끌 수 없습니다. 믿음이 있는 자만 이 세상을 이기기 때문입니다. 예수가 세상을 구원할 자로 보낸 하나님의 아들인 것을 믿는 자가 세상을 이기는 것입니다.

믿는 자는 하나님을 사랑하고 예수 그리스도를 믿는 자입니다. 믿는 자는 또한 살아 계신 하나님이 말씀하신 것을 지키는 자입니다. 세상은 세

상에 있는 것으로는 이길 수 없습니다. 세상은 세상을 사랑하는 자요 세상의 것을 취하고자 하는 자입니다. 세상의 노예 된 자는 주인 된 세상을 이길 수 없습니다. 세상은 세상에 없는 하나님의 것으로 이길 수 있는 것입니다.

> 이 세상이나 세상에 있는 것들을 사랑치 말라 누구든지 세상을 사랑하면 아버지의 사랑이 그 속에 있지 아니하니… 이 세상도, 정욕도 지나가되 오직 하나님의 뜻을 행하는 이는 영원히 거하느니라
>
> **요한일서 2장 15절, 17절**

> 아버지가 아들을 세상의 구주로 보내신 것을 우리가 보았고 또 증거하노니 누구든지 예수를 하나님의 아들이라 시인하면 하나님이 저 안에 거하시고 저도 하나님 안에 거하느니라
>
> **요한일서 4장 14절~15절**

세상과 세상의 것은 일시적이고 순간적이며 제한적인 것입니다. 세상과 세상의 것은 악한 세력의 지배 하에서 멸망을 향하는 영혼들입니다. 하나님의 아들이신 예수는 사람이면서 동시에 세상을 구원하시는 하나님으로 오셨습니다. 세상을 이기는 자는 하나님이 성육신하신 분이 예수요 그리스도이심을 믿는 하나님의 자녀입니다.

예수 그리스도를 믿는 하나님의 자녀는 예수가 하나님께로부터 오신 것같이 하나님께로부터 난 자입니다. 그러기에 예수를 믿는 자는 하나님과 하나님의 자녀를 사랑하는 것입니다.

세상을 이기는 것은 세상의 유혹과 욕심에서 벗어나는 것이요 세상이 주는 고통을 극복하는 것입니다. 세상을 이기는 것은 그리스도 십자가 보혈로 우리의 죄를 정결케 하는 것으로부터 비롯되는 것입니다. 세상을 이기는 것은 성령의 능력을 힘입어 우리의 연약한 믿음이 말씀과 기도로 강건하게 되는 것입니다. 세상을 이기는 것은 성령의 도우심으로 우리의 영적 무지함이 영적 분별력을 갖게 되는 것입니다.

예수가 우리에게 주신 믿음으로 우리는 세상을 이기고 하나님을 사랑하는 자녀가 되는 것입니다. 세상을 이기는 자는 한번 이기는 자가 아니요 언제나 이기는 자입니다. 우리 안에 살아 계신 주님이 변함없이 언제나 승리를 주시기 때문입니다.

자녀들아 너희는 하나님께 속하였고 또 저희를 이기었나니 이는 너희 안에 계신 이가 세상에 있는 이보다 크심이라

요한일서 4장 4절

성령이 충만한 사람들

그때에 제자가 더 많아졌는데 헬라파 유대인들이 자기의 과부들이 그
매일 구제에 빠지므로 히브리파 사람을 원망한대 열두 사도가 모든 제
자를 불러 이르되 우리가 하나님의 말씀을 제쳐 놓고 공궤를 일삼는
것이 마땅치 아니하니 형제들아 너희 가운데서 성령과 지혜가 충만하
여 칭찬 듣는 사람 일곱을 택하라 우리가 이 일을 저희에게 맡기고

사도행전 6장 1절~3절

교회와 세상은 함께 있지만 지향하는 것은 다른 것입니다. 세상은 사람
을 위해서 사람이 일하나 교회는 사람을 위해서 하나님이 일하십니다. 세
상은 사람의 능력으로 이끌어가나 세상 가운데 교회는 성령이 이끄십니
다. 교회의 사역은 곧 하나님의 영이신 성령의 사역입니다. 교회는 하나
님의 전이요 그리스도께서 주인이십니다. 따라서 교회의 직분은 성령이
충만한 사람이 마땅히 감당해야 하는 것입니다.

그러기에 성령이 충만한 사람은 주의 일을 위해 세움받은 사람입니다.
세움받은 사람은 세상에서 인정받는 사람이 아니요 하나님 나라를 위해
쓰임받는 일군입니다. 성령이 충만한 사람은 하나님 나라와 영광을 위해
충성을 끝까지 다하는 사람입니다.

이는 저가 주 앞에 큰 자가 되며 포도주나 소주를 마시지 아니하며 모태로부터 성령의 충만함을 입어 이스라엘 자손을 주 곧 저희 하나님께로 많이 돌아오게 하겠음이니라… 마리아가 천사에게 말하되 나는 사내를 알지 못하니 어찌 이 일이 있으리이까 천사가 대답하여 가로되 성령이 네게 임하시고 지극히 높으신 이의 능력이 너를 덮으시리니 이러므로 나실 바 거룩한 자는 하나님의 아들이라 일컬으리라

누가복음 1장 15절~16절, 34절~35절

예수께서 성령의 충만함을 입어 요단강에서 돌아오사 광야에서 사십 일 동안 성령에게 이끌리시며

누가복음 4장 1절

저희가 다 성령의 충만함을 받고 성령이 말하게 하심을 따라 방언으로 말하기를 시작하니라… 다른 이로서는 구원을 얻을 수 없나니 천하 인간에 구원을 얻을 만한 다른 이름을 우리에게 주신 일이 없음이니라 하였더라 저희가 베드로와 요한이 기탄없이 말함을 보고 그 본래 학문 없는 범인으로 알았다가 이상히 여기며 또 그전에 예수와 함께 있던 줄도 알고

사도행전 2장 4절, 4장 12절~13절

성령 충만은 인간을 구원하는 하나님의 사역입니다. 성령 충만은 하나님의 지혜와 믿음과 은혜와 능력을 나타냅니다. 우리가 주 예수 그리스도를 믿는 것은 성령의 역사입니다. 예수님의 성육신은 사람이 하나님을 믿

지 않고는 도저히 이해할 수 없는 하나님의 역사입니다.

예수님이 광야 40일 동안 마귀의 시험에서 승리로 이끌게 한 것도 성령의 충만한 역사입니다. 오순절에 임한 성령의 역사는 이 땅에 복음을 전파하기 위한 교회의 시작이요 교회의 존재 이유입니다. 예수를 부인했던 베드로가 새 사람으로 오직 예수를 통한 구원을 전파한 것은 충만한 성령의 역사입니다. 스데반이 하나님 우편에 서 있는 부활 승천하신 주님을 본 것은 성령의 충만한 역사입니다.

믿음과 성령이 충만한 바나바는 바울과 함께 최초 이방 교회인 안디옥 교회에서 큰 무리를 가르쳤습니다. 하나님의 사역은 사람이 임의로 정한 직분이 아닌 하나님이 주신 성령의 충만함으로 감당하는 것입니다. 그러나 사람 앞에 자기의 의를 나타내어 하나님 대신 자신을 높이려는 인본주의 사역자도 많습니다.

성령은 구하는 자에게 임하며 하나님이 주시는 강권하시는 은혜입니다. 따라서 하나님은 각각의 사람들에게 적절하고 분명한 하나님 나라의 소임을 맡기시는 것입니다. 침례 요한에게는 주의 백성에게 죄 사함으로 말미암는 회개의 침례를 전파하여 구원을 얻게 하였고 베드로는 회개와 예수 그리스도의 이름으로 죄 사함을 얻게 하는 성령의 침례를 받게 하였으며 예수 그리스도로 하여금 모든 족속으로 제자를 삼는 아버지 되시는 하나님과 아들 되시는 예수님과 하나님의 영이신 성령의 이름으로 침례를 주게 역사하신 것입니다.

하나님이 노아에게 이르시되 모든 혈육 있는 자의 강포가 땅에 가득
하므로 그 끝 날이 내 앞에 이르렀으니 내가 그들을 땅과 함께 멸하

리라… 그러나 너와는 내가 내 언약을 세우리니 너는 네 아들들과 네 아내와 네 자부들과 함께 그 방주로 들어가고… 노아가 그와 같이 하되 하나님이 자기에게 명하신 대로 다 준행하였더라

창세기 6장 13절, 18절, 22절

그때에 천국은 마치 등을 들고 신랑을 맞으러 나간 열 처녀와 같다 하리니 그 중에 다섯은 미련하고 다섯은 슬기 있는지라 미련한 자들은 등을 가지되 기름을 가지지 아니하고 슬기 있는 자들은 그릇에 기름을 담아 등과 함께 가져갔더니

마태복음 25장 1절~4절

성령의 사역은 성령의 전으로 살아가는 하나님의 사람들을 위한 최종적 사역입니다. 성령이 충만한 자는 하나님의 말씀을 듣고 순종하며 그 말씀을 준행하는 사람입니다. 성령이 충만한 자는 하나님 앞과 사람 앞에 바르고 정직하고 성실한 믿음으로 사는 사람입니다.

성령이 충만한 자는 그리스도의 죽으심의 은혜로 생애를 살며 그리스도를 전하는 증인된 사람입니다. 성령이 충만한 자는 성령의 인도하심에 따라 사는 하나님께 영광을 돌리는 사람입니다.

성령과 신부가 말씀하시기를 오라 하시는도다 듣는 자도 오라 할 것이요 목마른 자도 올 것이요 또 원하는 자는 값없이 생명수를 받으라 하시더라

요한계시록 22장 17절

우리의 양식

우리가 너희와 함께 있을 때에도 너희에게 명하기를 누구든지 일하
기 싫어하거든 먹지도 말게 하라 하였더니 우리가 들은즉 너희 가운
데 규모 없이 행하여 도무지 일하지 아니하고 일만 만드는 자들이 있
다 하니 이런 자들에게 우리가 명하고 주 예수 그리스도 안에서 권하
기를 종용히 일하여 자기 양식을 먹으라 하노라

데살로니가후서 3장 10절~12절

사단의 유혹으로부터 타락한 인류는 살아가는 동안 수고와 고통과 죽
음을 맞이하게 되었습니다. 하나님께 불순종한 인류의 터전인 비옥한 땅
은 가시덤불과 엉겅퀴를 내는 황무한 땅이 되었습니다. 이제 인간은 살기
위해서 땀을 흘려야 그 결과물인 소산을 먹고 살아가게 되었습니다.

오늘날 인류는 먹고 사는 것이 생존을 위한 그 무엇보다도 중요한 일이
되었습니다. 살기 위해서 먹는 것이 아닌 먹기 위해서 살아야 하는 형국
이 되었습니다. 세상 사람들은 무엇을 먹을까 무엇을 마실까 무엇을 입을
까 육신을 위한 걱정과 근심 속에 살게 되었습니다. 육신을 위해서 살아
가는 것이 삶의 목적이 된 것입니다.

우리는 하나님의 호흡인 생기와 흙으로 창조된 영과 혼과 육의 사람입

니다. 인간은 세상 만물 가운데 하나님의 호흡으로 살아가는 유일한 영적 존재입니다. 따라서 사람은 육신을 위한 양식뿐만 아니라 영혼을 위한 양식을 먹어야 하는 것입니다. 그럼에도 불구하고 많은 사람들은 육신만을 위한 양식을 얻기 위해 살아가고 있습니다. 육신만을 위한 삶은 우리를 만드신 하나님을 기쁘시게 하지 못하는 삶이 되는 것입니다.

하나님보다 세상과 자신의 육신의 일을 도모하는 사람이 바로 규모 없는 사람입니다. 하나님보다 세상과 사람을 더 가까이 하는 교만한 교회 안에는 이러한 사람들이 있습니다. 규모 없는 자는 세상의 온갖 헛소문과 거짓과 수많은 말을 지어내는 사람입니다. 규모 없는 자는 자기가 해야 할 일에는 열심이 없고 남의 일은 열심히 간섭하는 사람입니다. 규모 없는 자는 세상이 주는 즐거움과 쾌락으로 사람들을 불러들이고 물들게 하는 사람입니다. 이처럼 규모 없는 사람은 세상에 순종하는 자요 하나님의 일에는 불순종하는 자입니다.

이후에 바울이 아덴을 떠나 고린도에 이르러 아굴라라 하는 본도에서 난 유대인 하나를 만나니 글라우디오가 모든 유대인을 명하여 로마에서 떠나라 한 고로 그가 그 아내 브리스길라와 함께 이달리야로부터 새로 온지라 바울이 그들에게 가매 업이 같으므로 함께 거하여 일을 하니 그 업은 장막을 만드는 것이더라

사도행전 18장 1절~3절

형제들아 우리의 수고와 애쓴 것을 너희가 기억하리니 너희 아무에게도 누를 끼치지 아니하려고 밤과 낮으로 일하면서 너희에게 하나

님의 복음을 전파하였노라

데살로니가전서 2장 9절

하나님이 기뻐하시는 자는 모든 교회와 믿는 자들의 모범이 되는 자입니다. 그리스도를 믿는 자는 또한 그리스도를 전하는 자요 세상에서 규모 있게 행하는 자입니다. 진실로 그리스도의 교회와 교회되어 살아가는 사람들은 생활태도나 현실에 충실한 자입니다.

규모 있는 자는 어렵고 힘든 삶 속에서도 하나님의 뜻을 구하며 감사와 지혜로 살아갑니다. 규모 있는 자는 세상이 사방에서 옥죄어 올 때에도 요동 없이 자기가 해야 할 일을 감당합니다. 규모 있는 자는 궁핍한 현실 속에서 오히려 흐트러지는 마음을 바로 세우고 무절제와 무위도식을 경계합니다.

가라사대 내게는 너희가 알지 못하는 먹을 양식이 있느니라 제자들이 서로 말하되 누가 잡수실 것을 갖다 드렸는가 한대 예수께서 이르시되 나의 양식은 나를 보내신 이의 뜻을 행하며 그의 일을 온전히 이루는 이것이니라… 예수께서 이르시되 내가 진실로 진실로 너희에게 이르노니 하늘에서 내린 떡은 모세가 준 것이 아니라 오직 내 아버지가 하늘에서 내린 참 떡을 너희에게 주시나니 하나님의 떡은 하늘에서 내려 세상에게 생명을 주는 것이니라 저희가 가로되 주여 이 떡을 항상 우리에게 주소서 예수께서 가라사대 내가 곧 생명의 떡이니 내게 오는 자는 결코 주리지 아니할 터이요 나를 믿는 자는 영원히 목마르지 아니하리라

요한복음 4장 32절~34절; 6장 32절~35절

예수님의 양식은 보내신 자 하나님 아버지의 뜻인 인간을 구원하는 일입니다. 예수님의 양식은 인류의 구원을 위해 십자가에 죽으시고 부활 승천하시고 다시 오시는 사역입니다. 예수님이 세상에 오시기 전에 이스라엘에게 내린 양식은 육신을 위한 만나였습니다.

오늘 우리에게 내린 양식은 예수께서 우리의 구원을 위해 준비한 영혼의 양식입니다. 예수 그리스도를 믿는 자가 먹는 양식은 곧 주님의 말씀이요 복음입니다. 세상 사람들은 육신을 위한 양식을 원하나 하나님 나라의 백성은 영원을 위한 하늘의 양식을 먹는 것입니다.

우리가 먹어야 하는 양식은 하늘로부터 임하신 주님이 주신 것이요 생명을 살리는 일입니다. 우리가 세상에서 해야 하는 규모 있는 일은 생명의 떡으로 오신 예수를 믿고 전하고 생명으로 사는 것입니다. 우리는 썩어지는 양식을 먹는 자가 아니요 영생하도록 있는 하늘로부터 임한 영혼의 양식을 먹는 자입니다.

귀 있는 자는 성령이 교회들에게 하시는 말씀을 들을지어다 이기는 그에게는 내가 감추었던 만나를 주고 또 흰 돌을 줄 터인데 그 돌 위에 새 이름을 기록한 것이 있나니 받는 자밖에는 그 이름을 알 사람이 없느니라

요한계시록 2장 17절

할 수 있거든이 무슨 말이냐(믿음과 기도)

귀신이 어디서든지 저를 잡으면 거꾸러져 거품을 흘리며 이를 갈며 그리고 파리하여 가는지라 내가 선생의 제자들에게 내어 쫓아 달라 하였으나 저희가 능히 못 하더이다… 귀신이 저를 죽이려고 불과 물에 자주 던졌나이다 그러나 무엇을 하실 수 있거든 우리를 불쌍히 여기사 도와주옵소서 예수께서 이르시되 할 수 있거든이 무슨 말이냐 믿는 자에게는 능치 못할 일이 없느니라 하시니 곧 그 아이의 아버지가 소리를 질러 가로되 내가 믿나이다 나의 믿음 없는 것을 도와주소서 하더라… 집에 들어가시매 제자들이 종용히 묻자오되 우리는 어찌하여 능히 그 귀신을 쫓아내지 못하였나이까 이르시되 기도 외에 다른 것으로는 이런 유가 나갈 수 없느니라 하시니라

마가복음 9장 18절~29절 중

참다운 능력이란 어느 것에도 어떤 것에도 연연하거나 의존하지 않는 것입니다. 우리가 믿는 믿음의 대상은 참 능력자이신 스스로 존재하시는 하나님입니다. 우리 인간은 어떤 것은 할 수 있지만 어떤 것은 할 수 없는 능력의 한계를 갖고 있습니다. 우리가 믿는 믿음이란 무엇인가 할 수 있는 것이 아니라 어떤 것도 능치 못함이 없는 것입니다. 세상의 능력은 세

상이 지닌 소유로 가능하지만 하나님의 능력은 믿음과 기도로 이루어지는 것입니다.

하나님의 능력은 끝내 사라지는 소유가 아닌 영원한 존재를 보존케 하는 능력입니다. 따라서 하나님의 능력이 부재한 곳에는 해결되지 않은 문제와 대안 아닌 대안만 쌓이는 것입니다. 하나님의 능력이 없으면 우리는 귀신 들린 아들과 그의 아버지요 귀신을 쫓아낼 수 없는 제자인 것입니다. 우리는 예수님 앞에 믿음은 없고 의욕과 욕심만 가득한 확신 없는 불쌍한 영혼입니다.

우리가 예수를 믿는다는 것은 사망권세를 이기는 참 능력을 믿는 것입니다. 우리가 믿는 것은 구원을 주시고 영생을 주시는 생명의 주인을 믿는 것입니다. 우리는 세상의 어떤 존재도 줄 수 없는 영원한 삶을 얻기 위해 주님을 믿고 기도하는 것입니다.

대저 하나님의 모든 말씀은 능치 못하심이 없느니라

누가복음 1장 37절

많은 사람들의 믿음은 '할 수 있거든'이거나 '할 수 없겠지만' 하는 반신반의의 믿음입니다. 능력 없는 믿음은 믿지만 확신이 없는 실패하는 믿음입니다. 많은 사람들의 믿음은 모든 것(Allthing)이 아닌 무언가(Anything)는 할 수 있는 믿음입니다. 능력 없는 믿음은 사람과 하나님을 다 같이 믿는 편의지향적인 믿음이요 확신 없는 믿음입니다. 참다운 능력은 확신 있는 믿음과 의심이 전혀 없는 기도로 이루어지는 것입니다.

너희가 그 은혜를 인하여 믿음으로 말미암아 구원을 얻었나니 이것
이 너희에게서 난 것이 아니요 하나님의 선물이라

에베소서 2장 8절

너희가 기도할 때에 무엇이든지 믿고 구하는 것은 다 받으리라 하시
니라

마태복음 21장 22절

우리의 능력은 예수를 믿는 것과 하나님을 향한 기도에서 오는 것입니다. 우리의 능력은 자신의 믿음 없음을 전능하신 하나님께 고백하는 기도에서 오는 것입니다. 믿음은 하나님의 선물이요 믿음의 기도는 하나님의 참 능력으로 보상받게 되는 것입니다. 그러나 하나님은 우리의 확신이 없는 믿음과 믿음이 없는 기도는 받지 않으십니다. 우리의 능력은 절대적 믿음의 기도로만 이루어지는 하나님 아버지의 약속인 것입니다.

너희가 내 이름으로 무엇을 구하든지 내가 시행하리니 이는 아버지
로 히어금 아들을 인하여 용광을 얻으시게 하려 함이라

요한복음 14장 13절

사람들은 능력 있는 사람이란 자신이 하고자 하는 것을 할 수 있는 사람이라 말합니다. 사람들은 능력 있는 사람을 동경하고 자신도 그러한 능력자가 되기를 갈망합니다. 세상에서 능력이 있는 사람은 부와 권력과 지위와 명예와 대중적 인지도가 있는 사람일 수 있습니다.

그러나 세상의 모든 능력으로는 도저히 어찌할 수 없는 것이 사람의 생명입니다. 세상과 인간의 능력이 사람의 생명을 앗아갈 수는 있을지라도 결코 다시 살릴 수는 없습니다. 결국 우리 인간은 할 수 있는 것만 하고 할 수 없는 것은 하지 못하는 능력 없는 존재인 것입니다. 참다운 능력은 세상이 할 수 없는 것을 능히 하는 능력의 한계가 없는 능력입니다. 참 능력은 인간을 창조하시고 죽었던 영혼을 다시 살려 영원히 살게 하시는 능력입니다.

몸은 죽여도 영혼은 능히 죽이지 못하는 자들을 두려워하지 말고 오직 몸과 영혼을 능히 지옥에 멸하시는 자를 두려워하라

마태복음 10장 28절

하나님은 죽음의 경계를 허무시고 다시 새롭게 하시는 전능자입니다.

선한 싸움

미혹하는 자가 많이 세상에 나왔나니 이는 예수 그리스도께서 육체로 임하심을 부인하는 자라 이것이 미혹하는 자요 적그리스도니 너희는 너희를 삼가 우리의 일한 것을 잃지 말고 오직 온전한 상을 얻으라

지나쳐 그리스도 교훈 안에 거하지 아니하는 자마다 하나님을 모시지 못하되 교훈 안에 거하는 이 사람이 아버지와 아들을 모시느니라 누구든지 이 교훈을 가지지 않고 너희에게 나아가거든 그를 집에 들이지도 말고 인사도 말라 그에게 인사하는 자는 그 악한 일에 참예하는 자임이니라

요한이서 1장 7절~11절

성경은 하나님을 떠난 타락한 인간을 다시 회복시키시는 하나님의 생명에 대한 기록입니다. 회복의 역사는 하나님을 대적하는 세상과의 필연적 쟁투와 승리로 이루는 것입니다. 구원을 이루기 위해서는 피할 수 없는 불가피한 싸움을 치뤄야 하는 것입니다. 회복을 위해 피할 수 없는 싸움은 선을 이루기 위한 거룩한 싸움입니다. 세상은 선한 싸움의 전장 (Battlefield)이요 우리는 싸우는 군사요 군대입니다. 우리의 싸움은 우리

의 정욕을 위한 것이 아니요 하나님의 뜻을 이루기 위함입니다.

우리의 싸움은 하나님의 구원을 방해하는 악한 영들과의 영적싸움입니다. 우리의 싸움의 병기는 하나님의 말씀과 사랑입니다. 우리의 싸움은 지기 위한 것이 아니요 이기기 위한 것이요 빼앗기 위한 것이 아니요 지키기 위한 것입니다. 우리가 싸우는 선한 싸움은 하나님이 함께하시기 때문에 끝내 승리하는 싸움입니다.

> 우리의 씨름은 혈과 육에 대한 것이 아니요 정사와 권세와 이 어두움
> 의 세상 주관자들과 하늘에 있는 악의 영들에게 대함이라 그러므로
> 하나님의 전신갑주를 취하라 이는 악한 날에 너희가 능히 대적하고
> 모든 일을 행한 후에 서기 위함이라
>
> 에베소서 6장 12절~13절

세상 가운데는 믿는 자를 미혹하는 자가 많이 있습니다. 세상에는 우리의 마음을 흐리게 하여 곁길로 가게 하는 자가 많습니다. 세상에서 우리를 유혹하여 실족케 하는 자가 적그리스도인 것입니다. 적그리스도는 그리스도와 그리스도를 믿는 자를 핍박하고 대적하는 일체의 모든 세력입니다.

적그리스도는 거짓말하는 자요 가장하는 자요 미혹하는 자입니다. 적그리스도는 붉은 용, 즉 사단(Satan)이요 사단의 일군들이요 짐승의 세력입니다. 적그리스도는 스스로 가장 높은 자요 하나님의 전에 가증한 것을 두는 자입니다. 적그리스도는 그리스도의 성육신, 즉 사람의 구원을 위해 하나님이시면서 사람으로 오신 예수님을 부인하는 자입니다.

저들은 우리 주 예수 그리스도를 시인하지 아니하는 영이요 믿지도 아니하는 불법의 사람입니다. 저들은 하나님의 사랑의 계명인 진리를 믿는 사람들을 비진리인 이단사상으로 하나님으로부터 멀어지게 하는 거짓 종교 지도자입니다. 적그리스도는 세상 권세로 종교적 패권을 장악한 세력입니다.

> 믿음의 선한 싸움을 싸우라 영생을 취하라 이를 위하여 네가 부르심을 입었고 많은 증인 앞에서 선한 증거를 증거하였도다 만물을 살게 하신 하나님 앞과 본디오 빌라도를 향하여 선한 증거로 증거하신 그리스도 예수 앞에서 내거 너를 명하노니 우리 주 예수 그리스도 나타나실 때까지 점도 없고 책망 받을 것도 없이 이 명령을 지키라
>
> 디모데전서 6장 12절~14절

우리는 하나님을 사랑하며 그리스도 예수를 믿으며 적그리스도와 선한 싸움을 하는 영적 군사입니다. 우리는 미움이 아닌 사랑으로 사망이 아닌 생명으로 어두움이 아닌 빛으로 거짓이 아닌 진리로 서야 합니다. 우리는 사랑해야 하는 것과 미워해야 하는 것과 싸워야 하는 것들을 구별해야 하는 영적 싸움을 해야 합니다. 우리의 영적싸움은 적그리스도를 분별하여 그릇됨을 알리고 미혹된 자를 돌이키게 하는 것입니다.

우리의 싸움은 진리에 착념한 사랑으로 역사하는 믿음의 선한 싸움입니다. 따라서 우리는 진리이신 예수님의 말씀의 터 위에서 성령의 인도하심을 따라 나아가는 것입니다. 우리가 싸우는 선한 싸움의 승리는 적그리스도를 향하여 적극적으로 경계하고 맞서 싸울 때에 오는 것입니다. 그러나

선한 싸움은 내 안에서부터 시작해야 하는 영적 전쟁입니다. 우리는 그리스도를 믿는 믿음의 진리 안에서 주님이 가르쳐주신 십자가 사랑으로 우리 앞에 놓인 모든 것들을 선한 싸움으로 날마다 승리하는 것입니다.

내가 선한 싸움을 싸우고 나의 달려갈 길을 마치고 믿음을 지켰으니 이제 후로는 나를 위하여 의의 면류관이 예비되었으므로 주 곧 의로 우신 재판장이 그날에 내게 주실 것이니 내게만 아니라 주의 나타나심을 사모하는 모든 자에게니라

디모데후서 4장 7절, 8절

자다가 깰 때(Kairos)

또한 너희가 이 시기를 알거니와 자다가 깰 때가 벌써 되었으니 이는
이제 우리의 구원이 처음 믿을 때보다 가까웠음이니라 밤이 깊고 낮
이 가까웠으니 그러므로 우리가 어두움의 일을 벗고 빛의 갑옷을 입
자 낮에와 같이 단정히 행하고 방탕과 술 취하지 말며 음란과 호색하
지 말며 쟁투와 시기하지 말고 오직 주 예수 그리스도로 옷 입고 정
욕을 위하여 육신의 일을 도모하지 말라

로마서 13장 11절~14절

우리 사람은 태어나 살다가 안개처럼 사라지는 인생입니다. 우리의 생
애는 태어남으로 시작하고 죽음으로 끝을 맺습니다. 인간의 역사인 인류
사는 유한한 시간 속에 존재한 사람들의 기록입니다. 모든 만물은 시간과
공간 속에 존재하며 공간은 시간의 지배를 받습니다. 모든 일들은 이미
일어났거나 아니면 일어나기 위해 진행되고 있는 것입니다.

우리에게 주어진 남은 시간은 삶의 변화를 인식하기 위한 필연적인 개
념입니다. 모든 사람들은 자신의 삶속에서 이미 일어난 일과 바라는 일을
기대하며 살아갑니다. 시간과 공간은 인간 존재와 삶을 기록하기 위해 동
원된 수단입니다. 그러나 시간과 공간은 우리의 존재와 부재에 무관하게

하나님 안에서 존재하는 것입니다. 시간과 공간은 우리 인류가 존재하기 이전부터 존재한 하나님으로부터 시작했기 때문입니다.

> 태초에 하나님이 천지를 창조하시니라
>
> 창세기 1장 1절

세상의 시작과 끝은 하나님 안에 존재하는 시간과 공간입니다. 따라서 세상에 존재하는 모든 것은 하나님의 지배를 받는 것입니다. 그러기에 우리 인간은 지나간 시간과 다가올 시간 사이에서 균형과 긴장의 삶을 살아야 합니다. 하나님의 인간을 향한 은혜는 유한한 시공 속에서 우리로 하여금 구원을 얻게 하기 때문입니다. 하나님의 구원은 우리의 생애가 죽음이 끝이 아님을 상기시키는 것입니다.

그러기에 하나님은 우리가 구원을 바라며 살아온 시간(Chronos)과 구원을 이루어가는 시간(Kairos)사이에 균형과 긴장의 삶을 살게 하는 것입니다. 그럼에도 세상의 수많은 사람들은 정작 삶의 근본적인 이유와 목적을 상실한 채 살아가고 있습니다. 하나님을 믿는 성도가 세상 가운데 영적으로 둔감하고 잠들어 있을 때 하나님은 반드시 우리를 깨우십니다. 하나님이 우리의 영혼을 부르시고 깨우시는 시간이 바로 구원을 이루는 시간(Kairos)입니다. 성도의 구원은 구원을 바라며 살아가는 시간(Chronos)과 이루어가는 시간(Kairos)의 여정입니다.

> 가라사대 내가 은혜 베풀 때에 너를 듣고 구원의 날에 너를 도왔다
> 하셨으니 보라 지금은 은혜 받을 만한 때요 보라 지금은 구원의 날이

로다

고린도후서 6장 2절

이뿐 아니라 또한 우리 곧 성령의 처음 익은 열매를 받은 우리까지도 속으로 탄식하여 양자 될 것 곧 우리 몸의 구속을 기다리느니라

로마서 8장 23절

궁극적으로 성도의 삶은 구원을 목적으로 살아가는 시간과 공간입니다. 우리 가운데는 구원을 원하며 살면서도 구원을 이루는 삶은 살지는 않는 자들이 있습니다. 구원은 하나님의 응답에 지체 없이 반응함으로 이루어가는 것입니다. 만약 우리가 주님의 음성을 듣지 못하고 잠들어 버린다면 정말 우리의 구원은 요원한 것입니다.

성도는 현실에 충실하지만 궁극적으로는 내세를 지향하는 균형된 삶을 살아야 하는 것입니다. 이 땅을 사는 성도의 구원은 육신의 구속에서 영혼까지 이루는 미래적 구원까지 나아가야 하기 때문입니다. 하나님이 이루시는 마지막 은혜의 시간은 곧 심판을 위한 시간이기 때문입니다.

그러므로 너희가 그리스도와 함께 다시 살리심을 받았으면 위엣 것을 찾으라 거기는 그리스도께서 하나님 우편에 앉아 계시느니라 위에 것을 생각하고 땅에 것을 생각지 말라 이는 너희가 죽었고 너희 생명이 그리스도와 함께 하나님 안에 감취었음이니라 우리 생명이신 그리스도께서 나타나실 그때에 너희도 그와 함께 영광 중에 나타나리라

골로새서 3장 1절~4절

그러므로 하나님의 전신갑주를 취하라 이는 악한 날에 너희가 능히
대적하고 모든 일을 행한 후에 서기 위함이라

에베소서 6장 13절

우리의 삶의 방향과 목적은 땅의 것이 아닌 하늘의 것이 되어야 합니다. 하늘의 것은 하나님의 것이요 주님의 것이요 선과 진리요 의와 하나님 안에 비밀한 생명입니다. 우리의 삶은 새로운 피조물 된 삶이요 그리스도의 성품을 닮아가는 영생하는 삶이어야 합니다. 세상에서 구원을 이루어 가는 우리의 생애는 재림하실 주님을 예비하는 깨어 있는 시간(Kairos)의 연속입니다. 주님이 주시는 특별한 시간(Kairos)은 세상을 이기는 자의 것이요 선으로 악을 이기는 은혜입니다.

악에게 지지 말고 선으로 악을 이기라

로마서 12장 21절

대환난과 연단

우리들의 삶의 여정은 변화무쌍하기 그지없습니다. 하루 동안의 일기가 시시각각 변화하는 것과 같습니다. 때론 형편이 좋았다가 갑자기 어려워지기도 합니다. 삶에서 우리는 원하든 원치 않든 수없이 많은 일들을 감당하며 살아갑니다. 세상에서 믿는 자의 삶은 환난의 연속입니다. 그런데 우리에게는 지금까지는 한 번도 겪어 보지 못한 또 다른 환난이 남아있습니다. 그것은 대환난입니다. 대환난은 온 인류에게 임할 세상 끝 날에 일어날 마지막 환난입니다.

> 그가 가로되 다니엘아 갈지어다 대저 이 말은 마지막 때까지 간수하고 봉함할 것임이니라 많은 사람이 연단을 받아 스스로 정결케 하며 희게 할 것이나 악한 사람은 악을 행하리니 악한 자는 아무도 깨닫지 못하되 오직 지혜 있는 자는 깨달으리라
>
> 다니엘 12장 9절, 10절

우리는 누구나 어렵고 힘든 일을 당할 때 피하고 싶어 합니다. 그러나 우리 중에 누구는 어렵고 힘든 일을 당할 때 이를 자신을 위한 기회로 삼고자 합니다. 우리 중에는 어렵고 힘든 일을 당할 때 오히려 연단의 기회

로 삼는 자도 있습니다. 사람들은 어렵고 힘든 고통의 시간을 원치 않습니다. 그러나 사람들 중에는 좌절하고 낙심하여 실패하는 자도 있습니다.

좌절은 연약함에서 오는 것입니다. 그러나 우리는 닥쳐올 환난 앞에 그대로 주저앉아선 안 됩니다. 하나님은 우리에게 닥칠 환난으로부터 이기기를 바라시며 이를 위해 연단할 것을 요구합니다. 연단은 우리가 매일매일 쌓아야만 하는 것입니다. 연단은 환난 앞에 굴복하지 않는 능력이 되기 때문입니다. 연단으로 우리는 하나님의 사랑과 하나님의 능력을 깨닫게 되는 것입니다.

우리가 맞이할 마지막 대환난은 연단 없이는 누구도 통과할 수 없는 긴 어둠입니다. 우리가 맞이할 새 아침의 밝은 빛은 어두운 밤의 터널을 통과해야만 맞이할 수 있습니다. 연단을 통한 믿음 없이는 맞이할 수도 통과할 수도 이길 수도 없는 대환난이 다가오고 있습니다.

> ··· 느부갓네살 왕의 세운 금신상에게 절하라 누구든지 엎드리어 절하지 아니하는 자는 즉시 극렬히 타는 풀무에 던져 넣으리라 하매···
> 우리가 섬기는 우리 하나님이 우리를 극렬히 타는 풀무 가운데서 능히 건져 내시겠고 왕의 손에서도 건져내시리이다 그리 아니하실지라도 왕이여 우리가 왕의 신들을 섬기지도 아니하고 왕의세운 금신상에게 절하지도 아니할 줄을 아옵소서
>
> 다니엘 3장 5~6절, 17~18절 중

> 누구든지 왕 외에 어느 신에게나 사람에게 무엇을 구하면 사자굴에 던져 넣기로 한 것이니이다··· 다니엘이 이 조서에 어인이 찍힌 것을

알고도⋯ 전에 행하던 대로 하루 세번씩 무릎을 꿇고 기도하며 그 하

나님께 감사하였더라

다니엘 6장 7절, 10절 중

우리가 맞이할 대환난은 불구덩이요 사자굴이요 사망의 음침한 늪입니다. 하나님은 연단을 통해서 우리를 보호하시며 인도하십니다. 믿음의 연단은 대한난을 대비한 하나님의 훈련입니다. 연단은 우리를 정결케 하고 바로 서게 하기 때문입니다. 연단은 우리의 믿음을 굳센 믿음이 되게 하기 때문입니다. 오늘의 세상을 이기는 굳센 믿음만이 마지막 때 대환난도 담대하게 통과할 수 있는 것입니다.

나의 가는 길을 오직 그가 아시나니 그가 나를 단련하신 후에는 내가

정금같이 나오리라

욥기 23장 10절

이 세대의 사람들

또 가라사대 이 세대의 사람을 무엇으로 비유할꼬 무엇과 같은고 비
유컨대 아이들이 장터에 앉아 서로 불러 가로되 우리가 너희를 향하
여 피리를 불어도 너희가 춤추지 않고 우리가 애곡을 하여도 너희가
울지 아니하였다 함과 같도다 침례 요한이 와서 떡도 먹지 아니하며
포도주도 마시지 아니하며 너희 말이 귀신이 들렸다 하더니 인자는
와서 먹고 마시매 너희 말이 보라 먹기를 탐하고 포도주를 즐기는 사
람이요 세리와 죄인의 친구로다 하니 지혜는 자기의 모든 자녀로 인
하여 옳다 함을 얻느니라

누가복음 7장 31절~35절

사람들의 삶에 대한 태도와 관심사는 시대마다 차이가 있습니다. 사람
들이 살아가는 환경과 여건은 삶의 방향을 결정하는 주요 요인이 되는 것
입니다. 단순히 먹고 살기 위한 시대가 있고 보다 더 잘 먹고 살기위한 시
대가 있습니다. 물질의 풍요와 문명의 발달은 삶의 양이 아닌 삶의 질에
관심을 갖게 하는 것입니다.

문명의 혜택을 누리는 사람들의 주요 관심사중 하나는 건강과 행복입
니다. 사람들은 자신의 행복과 건강을 위해 모든 노력과 관심을 기울입니

다. 반면에 자신의 관심과 무관한 것들에 대해서는 반응하지 않습니다. 무관심(indifference)은 자신의 관심 밖에 있는 모든 것은 대수롭게 여기지 않는 것입니다.

모든 현대인들은 무관심과 무반응으로 타인과 적절한 거리두기를 하며 관계합니다. 예수께서 세상에 왔을 때에도 사람들의 마음과 태도는 장터의 아이들과 다르지 않았습니다. 장터의 아이들에게 있어서 유일한 관심은 장사하는 법을 배워 돈을 버는 일입니다. 이들의 관심은 사고파는 것이요 사람들을 간파하여 흥정하는 것이요 이익을 남기는 것입니다.

장터의 아이들은 율법적 자기의만 열심인 자신이 믿는 신념의 우월감에 집착한 종교 지도자들인 것입니다. 종교 지도자들은 정작 자신들이 기다리던 메시아인 예수가 왔지만 죄 씻음의 회개를 거부했을 뿐만아니라 예수의 복음도 받아들이지 않았던 것입니다.

이스라엘의 종교 지도자들은 죄에 무감각한 영적 소경이요 하나님에 대하여는 무지한 자입니다. 이 땅에 구원의 기쁜 소식이 왔지만 저들은 울지도 춤추지도 않은 장터의 아이들로 존재한 것입니다.

> 기리시대 떼가 찼고 하나님 나라가 가까웠으니 회개하고 복음을 믿으라 하시더라
>
> 마가복음 1장 15절

예수께서 마태의 집에서 앉아 음식을 잡수실 때에 많은 세리와 죄인들이 와서 예수와 그 제자들과 함께 앉았더니 바리새인들이 보고 그 제자들에게 이르되 어찌하여 너희 선생은 세리와 죄인들과 함께 잡

수시느냐

마태복음 9장 10절~11절

사람들의 잘못된 고정관념은 쉽게 변화되지 않는 신념과도 같습니다. 우리가 갖고 있는 관심과 무관심, 수용과 거부에 대한 선택은 때론 돌이킬 수 없는 인생의 결과를 초래합니다. 사람들이 하나님의 뜻을 대하는 마음의 태도는 순종과 불순종의 결과를 낳게 되는 것입니다.

이 세대의 사람들은 이기주의(egoism)적이요 자기중심적이요 편협한 시선으로 하나님에 대하여서는 어두운자요 세상에 대하여는 밝은 자입니다. 하나님에 무관한 닫힌 마음과 태도는 자기 변명과 아울러 이유 없는 적대적 비판과 비난을 일삼게 되는 것입니다.

그러므로 무엇이든지 남에게 대접을 받고자 하는 대로 너희도 남을 대접하라 이것이 유법이요 선지자니라

마태복음 7장 12절

그러므로 남을 판단하는 사람아 무론 누구든지 네가 핑계치 못할 것은 남을 판단하는 것으로 네가 너를 정좌함이니 판단하는 네가 같은 일을 행함이니라

로마서 2장 1절

시대가 변해 가도 변하지 않아야 하는 우리의 마음과 태도는 하나님의 뜻을 받고 배워 따르는 것입니다. 우리는 불의에 대하여 비난 대신에 진

리에 대한 확고한 신념과 분별력으로 마주해야 합니다. 아울러 우리의 관심사가 상대방과 다를 때조차도 저들의 마음을 먼저 헤아리는 지혜를 지녀야 하는 것입니다. 사람들의 하나님에 대한 무관심은 우리에게 있는 지혜의 결핍으로부터 오는 것이기 때문입니다. 사람들이 하나님을 경시하는 것은 저들의 마음과 태도가 강퍅하고 완고하기 때문입니다. 하나님의 지혜가 없으면 하나님을 알 수 없고 뜻도 모르기에 비난만 하기 때문입니다.

우리가 자신의 우월한 의식에 사로잡히면 우리의 마음은 어느새 용서가 아닌 비판에 이르게 되는 것입니다. 세상은 언제나 장터의 아이들처럼 사고파는 이해관계가 주요 관심사입니다. 이는 우리가 성령의 깨닫게 하심에 힘입어 진리의 가르침과 하나님의 의를 구하는 일에 열심일 뿐 아니라 세상을 향해서 열심으로 복음을 전해야 하는 까닭입니다.

> 또한 모든 것을 해로 여김은 내 주 그리스도 예수를 아는 지식이 가장 고상함을 인함이라 내가 그를 위하여 모든 것을 잃어버리고 배설물로 여김은 그리스도를 얻고 그 안에서 발견되려 함이니…
>
> 빌립보서 3장 8절·9절 중

말세에 내가 내 영으로

하나님의 구원은 하나님과 함께 그리스도와 성령이 삼위 일체로 이루십니다. 하나님의 영이신 성령은 하나님의 세 신격 중 한분입니다. 구약에서 성령은 성신 또는 신(神)으로 천지를 창조하신 하나님과 함께 하십니다. 신약에서 성령은 하나님의 영, 그리스도의 영, 진리의 영, 생명의 영, 보혜사 등으로 다양하게 나타납니다.

하나님께서는 성경을 통해서 우리에게 성령을 보내 주시겠다고 약속하셨습니다. 예수님께서도 부활하시고 승천하시기 까지 40일 동안 제자들에게 하나님 나라를 가르치면서 아버지의 약속하신 성령을 기다리고 말씀하셨습니다. 예수님께서 승천하신 후 오순절 날 성령을 기다리던 120명의 제자들에게 하나님께서 약속하신 성령이 바람같이 불같이 하늘로부터 임한 것입니다.

> 그후에 내가 내 신을 만민에게 부어 주리니 너희 자녀들이 장래 일을 말할 것이며 너희 늙은이는 꿈을 꾸며 너희 젊은이는 이상을 볼 것이며 그때에 내가 또 내 신으로 남종과 여종에게 부어 줄 것이며
>
> 요엘 2장 28절~29절

사도와 같이 모이사 저희에게 분부하여 가라사대 예루살렘을 떠나
지 말고 내게 들은 바 아버지의 약속하신 것을 기다리라 요한은 물
로 침례를 베풀었으나 너희는 몇 날이 못 되어 성령으로 침례를 받으
리라 하셨느니라… 오순절 날이 이미 이르매 저희가 다 같이 한 곳에
모였더니 홀연히 하늘로부터 급하고 강한 바람 같은 소리가 있어 저
희 앉은 온 집에 가득하며 불의 혀같이 갈라지는 것이 저희에게 보여
각 사람 위에 임하여 있더니

사도행전 1장 4절~5절, 2장 1절~3절

성령은 창세부터 그리스도께서 재림하실 마지막 때까지 구원역사를 함
께하십니다. 말세는 그리스도께서 이 세상에 오신 날로부터 다시 오시는
날 사이의 세상입니다. 마지막 때에는 하나님의 사랑과 하나님의 심판이
함께 나타나는 세상입니다. 말세는 예수님의 다시 오심으로 완성되지만
아직 하나님은 그때를 유보하고 계십니다. 말세는 이미 우리 곁에 왔지만
아직은 끝이 아닌 현재 진행 중입니다.

기리시대 때기 찼고 히니님니리기 기끼웠으니 회게히고 복음을 믿
으라 하시더라

마가복음 1장 15절

베드로가 가로되 너희가 회개하여 각각 예수 그리스도의 이름으로
침례를 받고 죄 사함을 얻으라 그리하면 성령을 선물로 받으리니…
그러므로 너희가 회개하고 돌이켜 너희 죄 없이 함을 받으라 이같이

하면 유쾌하게 되는 날이 주 앞으로부터 이를 것이요

사도행전 2장 38절, 3장 19절

하나님의 역사는 하나님의 뜻을 반영하고 사람의 역사는 인간의 바람을 반영합니다. 인류의 역사는 처음부터 하나님의 역사를 거스르며 진행합니다. 말세는 우리들 가운데 성령의 사역이 구체적으로 나타나는 시기입니다. 말세에 성령께서 우리에게 요구하신 것은 회개하여 죄 사함을 얻고 복음을 믿는 것입니다. 성령은 구원을 원하는 사람들에게 하나님으로부터 오는 마지막 선물입니다. 하늘로부터 오는 특별한 은혜는 우리의 변화를 요구합니다. 하나님의 은혜는 준비된 자에게만 내리는 선물이기 때문입니다.

그날 환난 후에 즉시 해가 어두워지며 달이 빛을 내지 아니하며 별들이 하늘에서 떨어지며 하늘의 권능들이 흔들리리라 그때에 인자의 징조가 하늘에서 보이겠고 그때에 땅의 모든 족속이 통곡하며 그들이 인자가 구름을 타고 능력과 큰 영광으로 오는 것을 보리라

마태복음 24장 29절~30절

하나님이 가라사대 말세에 내가 내 영으로 모든 육체에게 부어 주리니 너희의 자녀들은 예언할 것이요 너희의 젊은이들은 환상을 보고 너희의 늙은이들은 꿈을 꾸리라 그때에 내가 내 영으로 내 남종과 여종들에게 부어 주리니 저희가 예언할 것이요

사도행전 2장 17절~18절

예수님의 승천 후 이 땅에 임한 오순절 성령은 바람 같은 소리와 갈라지는 불의 혀같이 임했습니다. 세상 가운데 교회는 성령이 충만한 성도들로 말미암아 성령의전으로 시작한 것입니다. 하늘로부터 임하는 성령의 역사는 이 땅에서 우리가 하늘의 삶을 살게 합니다. 세상의 끝 날이 가까울수록 성령의 은혜는 더해 갑니다.

　성령은 무엇보다도 죄의 회개와 죄 사함의 용서 없이는 받을 수 없는 하나님의 은혜입니다. 우리에게 그리스도의 영이 없으면 우리는 그리스도의 것이 아닌 세상입니다. 말세에 있을 주님의 재림은 인간역사에 대한 심판이요 동시에 성도의 구원입니다. 세상의 마지막 날은 어둠의 자식들에게는 멸망의 날이요 하나님의 자녀들에게는 영화로운 구원의 날입니다.

　육으로 난 것은 육이요 성령으로 난 것은 영이니 내가 네게 거듭나야

　하겠다 하는 말을 기이히 여기지 말라 바람이 임의로 불매 네가 그

　소리를 들어도 어디서 오며 어디로 가는지 알지 못하나니 성령으로

　난 사람은 다 이러하니라

요한복음 3장 6절~8절

남은 자(The remnant)

아담이 다시 아내와 동침하매 그가 아들을 낳아 그 이름을 셋이라 하
였으니 이는 하나님이 내게 가인의 죽인 아벨 대신에 다른 씨를 주셨
다 함이며 셋도 아들을 낳고 그 이름을 에노스라 하였으며 그때에 사
람들이 비로소 여호와의 이름을 불렀더라

창세기 4장 25절~26절

생명이 없는 모든 것은 지속되지 못하고 사라지고 마는 것입니다. 죄악
은 결국 사라지고 생명만이 영원히 남게 되는 것입니다. 생명이 없는 역
사는 사라지고 생명의 역사는 영원합니다. 하나님은 사라져 가는 인간의
역사 가운데서 생명을 구원하시는 분이십니다. 사망을 향하는 죄인을 의
인되게 하시는 역사가 바로 하나님의 구속사인 것입니다. 하나님은 각 시
대마다 죄인의 심판을 통해서 의인의 구속사를 이끄십니다.

세상에는 하나님의 절대주권과 무조건적인 은혜에 의해서 남겨진 자,
즉 남은 자가 있습니다. 우리 중에는 세상 역사 속으로 영원히 사라지는
자와 하나님의 구속사 속에 남은 자가 있습니다. 사라져 가는 자 가운데
남은 자는 요동치는 세상의 한가운데에서 오직 하나님을 신뢰하는 자입
니다.

하나님은 세상을 여시는 창세기로부터 세상을 닫으시는 요한계시록에 이르기까지 남은 자를 구원하십니다. 인류의 역사는 첫 사람 아담과 그의 아내 하와의 하나님을 떠난 불순종이 낳은 타락으로 시작합니다. 사단의 유혹으로 타락한 인류는 가정과 민족과 국가를 이루나 생명이 아닌 사망으로 깊게 병들어 갑니다. 따라서 인류를 향한 하나님의 구속사는 죽은 영혼을 생명으로 인도하시는 큰 사랑입니다. 인류를 구원하시는 하나님은 아담(Adam)과 하와(Eve)의 큰아들 가인이 죽인 동생 아벨(Abel) 대신 셋(Seth)을 세워 남은 자의 구속사를 진행하십니다.

> 여호와께서 노아에게 이르시되 너와 네 온 집은 방주로 들어가라 네가 이 세대에 내 앞에서 의로움을 내가 보았음이라… 지면의 모든 생물을 쓸어버리시니 곧 사람과 짐승과 기는 것과 공중의 새까지라 이들은 땅에서 쓸어버림을 당하였으되 호로 노아와 그와 함께 방주에 있던 자만 남았더라
>
> 창세기 7장 1절, 23절

> 여호와께서 아브람에게 이르시되 너는 너의 본토 친척 아비 집을 떠나 내가 네게 지시할 땅으로 가라 내가 너로 큰 민족을 이루고 네게 복을 주어 네 이름을 창대케 하리니 너는 복의 근원이 될지라
>
> 창세기 12장 1절~2절

하나님을 떠난 세상의 마음과 생각과 모든 계획은 항상 죄와 악으로 가득한 것입니다. 하나님은 죄악이 관영한 세상을 물로 심판하면서도 의로

운 노아(Noah)와 그의 가족은 남기십니다. 하나님은 노아의 세 아들 셈과 함과 야벳가운데 셈(Shem)의 후손 아브람(Abram)으로 하여금 선민 이스라엘 민족의 조상이 되게 하십니다.

가로되 너희는 히브리 여인을 위하여 조산할 때에 살펴서 남자면 죽이고 여자면 그는 살게 두라 그러나 산파들이 하나님을 두려워하여 애굽 왕의 명을 어기고 남자를 살린지라… 이제 내가 너를 바로에게 보내어 너로 내 백성 이스라엘 자손을 애굽에서 인도하여 내게 하리라

출애굽기 1장 16절~17절, 3장 10절

하나님은 애굽의 이스라엘에 대한 남아학살정책과 학대가 심할수록 더욱 번성케 하시고 창성케 하십니다. 하나님은 이스라엘의 남자 가운데 태어난 모세(Moses)로 하여금 애굽으로부터 이스라엘 민족을 구원하는 소명을 주십니다.

그날에 이스라엘의 남은 자와 야곱 족속의 피난한 자들이 다시는 자기를 친 자를 의뢰치 아니 하고 이스라엘의 거룩하신 자 여호와를 진실히 의뢰하리니 남은 자 곧 야곱의 남은 자가 능하신 하나님께로 돌아올 것이라 이스라엘이여 네 백성이 바다의 모래 같을지라도 남은 자만 돌아오리니 넘치는 공의로 훼멸이 작정되었음이라 이미 작정되었은즉 주 만군의 여호와께서 온 세계 중에 끝까지 행하시리라

이사야 10장 20절~23절

북이스라엘과 남유다의 멸망 가운데서도 하나님은 바벨론을 멸망시킨 바사(Persia)왕 고레스(Cyrus)로 하여금 선민 이스라엘의 남겨진 후예들을 모아 바벨론으로부터 예루살렘으로 귀환케 하십니다. 하나님이 수많은 열강 가운데서 이스라엘을 구원하신 것은 이스라엘 민족이 생각하는 인본주의적이고 민족주의적인 지상적 구원이 목적이 아닙니다. 하나님은 온 인류를 구원하기 위해서 우선적으로 이스라엘을 선택하여 이스라엘 가운데 남은 자로 하여금 세상에 있는 더 많은 사람들을 구원코자 하신 것입니다.

> 가라사대 때가 찼고 하나님 나라가 가까웠으니 회개하고 복음을 믿으라 하시더라
>
> 마가복음 1장 15절

> 곧 육신의 자녀가 하나님의 자녀가 아니라 오직 약속의 자녀가 씨로 여기심을 받느니라
>
> 로마서 9장 8절

> 그런즉 어떠하뇨 이스라엘이 구하는 그것을 얻지 못하고 오직 택하심을 입은 자가 얻었고 그 남은 자들은 완악하여졌느니라
>
> 로마서 11장 7절

예수 그리스도는(Jesus Christ) 이스라엘이 기다리던 메시야(The Messiah)요 남은 자들을 구원하시는 하나님입니다. 남은 자는 먼저 하나님 앞에

회개하는 자요 그리스도 예수의 복음을 믿는 자입니다. 남은 자는 시대를 불문하고 하나님의 은혜로 택하심을 입은 영적 이스라엘입니다. 마지막 시대의 남은 자는 주님의 구속의 완성을 소망과 확신으로 예비하며 기다리는 이 땅의 모든 천국인입니다.

> 용이 여자에게 분노하여 돌아가서 그 여자의 남은 자손 곧 하나님의 계명을 지키며 예수의 증거를 가진 자들로 더불어 싸우려고 바다 모래 위에 섰더라
>
> 요한계시록 12장 17절

마지막까지 남아 있는 사람들

오늘이 내일이 되게 하는 것은 흐르는 시간입니다. 시간의 흐름은 사람과 삶을 변하게 합니다. 시간의 흐름은 존재와 부재를 결정합니다. 그리고 모든 것이 떠난 자리에 남는 것은 생명입니다. 시간과 공간은 생명과 사망의 끝없는 전쟁터입니다. 그러나 결국엔 생명은 남고 사망은 사라집니다. 세상의 끝에는 끝까지 남아 있는 생명 있는 사람들이 있습니다. 구원받은 자요 마지막까지 남아 있는 자들입니다.

너 아침의 아들 계명성이여 어찌 그리 하늘에서 떨어졌으며 너 얼굴을 엎을 자여 어찌 그리 땅에 찍혔는고 네가 네 마음에 이르기를 내가 하늘에 올라 하나님의 뭇별 위에 나의 보좌를 높이리라 내가 북극 집회의 산 위에 좌정하리라 가장 높은 구름에 올라 지극히 높은 자와 비기리라 하도다

이사야 14장 12절~14절

예수께서 이르시되 사단이 하늘에서 번개같이 떨어지는 것을 내가 보았노라

누가복음 10장 18절

구원은 하늘에서부터 시작한 것입니다. 하늘에서부터 사단은 하나님을 대적한 것입니다. 하나님을 피해 땅으로 쫓겨 온 사단은 그리스도를 대적하고 그리스도를 믿는 성도를 핍박합니다. 사단은 세상에서 공중권세 잡은 세상임금입니다.

> 내가 너로 여자와 원수가 되게 하고 너의 후손도 여자의 후손과 원수가 되게 하리니 여자의 후손은 네 머리를 상하게 할 것이요 너는 그의 발꿈치를 상하게 할 것이니라 하시고
>
> 창세기 3장 15절

> 또 왼편에 있는 자들에게는 이르시되 저주를 받은 자들아 나를 떠나 마귀와 그 사자들을 위하여 예비 된 영영한 불에 들어가라
>
> 마태복음 25장 41절

> 또 저희를 미혹하는 마귀가 불과 유황 못에 던지우니 거기는 그 짐승과 거짓 선지자도 있어 세세토록 밤낮 괴로움을 받으리라
>
> 요한계시록 20장 9절

하늘에서 시작된 구원은 결국 땅에서 끝나게 됩니다. 구원은 의와 불의를 구별하는 것이요 선과 악을 분리하는 것입니다. 하늘로부터 하나님을 대적한 사단의 결국은 영원한 멸망의 불못입니다. 하나님이 아니면 어느 것 하나도 영원히 존재할 수 없는 것입니다. 그러나 아직 이 땅에서의 싸움은 끝나지 않았습니다. 사단은 여전히 여자의 남은 자손인 하나님의 자

녀를 핍박하며 하나님의 구원 역사를 방해합니다.

세상에는 그리스도의 교회와 믿는 자들이 많이 있습니다. 하지만 모든 교회와 믿는 자들이 마지막까지 남아 있는 것은 아닙니다. 남아 있는 자는 전체가 아니라 부분입니다. 끝까지 남아 있는 자만 그리스도의 교회요 그리스도의 사람이요 거룩한 성도입니다. 마지막까지 서 있는 자가 하나님이 인정하시는 자녀요 하늘의 백성입니다. 그러나 이 땅에서의 선악 간의 쟁투는 끝나지 않았습니다.

> 아무에게도 악으로 악을 갚지 말고 모든 사람 앞에서 선한 일을 도모하라 할 수 있거든 모든 사람으로 더불어 평화하라… 너희가 친히 원수를 갚지 말고… 원수 갚는 것이 내게 있으니 내가 갚으리라… 네 원수가 주리거든 먹이고 목마르거든 마시우라… 악에게 지지 말고 선으로 악을 이기라
>
> 로마서 12장 17절~21절 중

> 죄를 짓는 자는 마귀에 속하나니 마귀는 처음부터 범죄함이라 하나님의 아들이 나타나신 것은 마귀의 일을 멸하려 하심이니라 하나님께로서 난 자마다 죄를 짓지 아니하나니 이는 하나님의 씨가 그의 속에 거함이요 저도 범죄치 못하는 것은 하나님께로서 났음이라 이러므로 하나님의 자녀와 마귀의 자녀들이 나타나나니 무릇 의를 행치 아니하는 자나 또는 그 형제를 사랑치 아니하는 자는 하나님께 속하지 아니하니라
>
> 요한일서 3장 8절~10절 중

세상 가운데는 여자의 남은 자손이 있습니다. 그들은 세상의 것이 아닌 그리스도 것입니다. 남아 있는 여자의 자손은 어둠을 사르는 빛의 자녀입니다. 어둠 속에서 생명의 불을 밝히는 빛의 자녀입니다. 우리는 떠나가기는 쉬어도 남아 있기는 어렵습니다. 우리는 말하기는 쉬워도 지켜 행하기는 어렵습니다. 여자의 남은 자손은 마지막까지 사단의 세력과 싸우는 하나님의 군사입니다. 우리는 마지막까지 하나님의 계명을 지키며 예수 그리스도를 믿는 그리스도의 사람입니다. 아멘.